BENJAMIN
*de prisioneiro de guerra
a industrial brasileiro*

Equipe de Realização – Supervisão editorial: J. Guinsburg; Assessoria editorial: Plinio Martins Filho; Revisão: Sandra Martha Dolinsky; Capa: Adriana Garcia; Produção: Ricardo W. Neves, Adriana Garcia e Heda Maria Lopes.

BENJAMIN
de prisioneiro de guerra a industrial brasileiro

BELLA HERSON

Editora Perspectiva

Direitos reservados à
EDITORA PERSPECTIVA S.A.
Av. Brig. Luís Antônio, 3025
01401-000 – São Paulo – SP – Brasil
Telefax: (0--11) 3885-8388
www.editoraperspectiva.com.br
2001

Sumário

O Início da Segunda Grande Guerra Mundial 9
Os Campos Provisórios – *Die Durchgangslager*: Altengrabow
    e Osterode 17
O Campo de Woldenberg Offlag II C 33
Os Prisioneiros Poloneses com Sobrenomes Alemães 43
A Barraca XII A – A "Barraca Judaica" 49
As Cartas de Ŕafal Lotz 53
O "Chuveiro Quente" 57
Os Colegas Fascistas e os Tolerantes 63
O Cartão do Primo de Benjamin e as Notícias da Cidade de Vilna ... 69
A Ocupação Alemã da Cidade de Vilna 83
Ponar, O Vale da Morte 89
A Carta do Pai de Benjamin 91
A Aristocracia Polonesa nas Barracas XI B e XV B 95
As Ervas Medicinais, as Doenças no Campo e as Revistas 107

O Vestuário e seu Administrador, o *Parteigenosse Kaczmarek* *113*
Em Defesa da Loucura: O Ensino e a Profissionalização *117*
A Ajuda da Organização Internacional – a YMCA *127*
Começo dos Cursos de Aprendizagem *131*
O Teatro e a Arte *137*
O Circo e Outros Episódios *149*
A Cruz Vermelha *153*
As Fugas do Campo, Suicídios e Mortes *159*
O "Sonho Clarividente" do Coronel Z *173*
A Primeira Derrota Alemã em Stalingrado *183*
As Diferentes Ideologias Políticas no Campo *187*
Os Preparativos para a Saída do Campo *201*
Fora do Campo, sob Escolta Alemã *207*
Finalmente, os Primeiros Três Mil Libertados *215*
O Caminho de Volta *217*
A Libertação de Benjamin, no Grupo Ocidental *219*
Em Lodz *227*
Benjamin, Destinado para Constanza – Romênia *233*
O Visto e a Viagem para o Brasil *239*
No Brasil, na Terra Abençoada *247*

O Início da Segunda Grande Guerra Mundial

Tudo ocorreu tão incrivelmente rápido!

Tudo começara havia seis dias e a guerra já parecia estar no fim, apesar dos gritos de fanfarra dos poloneses: *"guzika nie damy!"* (não daremos nem um botão!), em resposta à exigência alemã de lhes entregarem o "corredor" da Pomerânia.

Se esse "corredor" fosse entregue aos alemães, cortaria o acesso ao único porto polonês: *Gdynia*. Os alemães alegavam que a Pomerânia, "o corredor", nas mãos polonesas, impedia o acesso deles para a Prússia Oriental por terra e da Alemanha para a Prússia Oriental, onde só se podia chegar pelo mar Báltico.

O exército polonês não estava preparado para o confronto com o moderno aparato de guerra alemão. Os soldados poloneses, convocados havia apenas três semanas, nunca tinham visto um tanque moderno e não conheciam a força e a rapidez de sua manobra. Os primitivos fuzis poloneses, datados da Primeira Guerra Mundial, não podiam se comparar às modernas armas alemãs. Os meios de locomoção do exército polonês eram, na maioria, carroças camponesas atreladas a cavalos. Só os oficiais possuíam carros ou motocicletas, geralmente particulares ou requisitados para fins de guerra, enquanto os alemães chegaram com carros modernos e velozes, com tanques de guerra, com cobertura de aviões bombardeiros – os mais modernos *Messerschmitt*.

Foi uma verdadeira "guerra relâmpago", um *Blitz-krieg*; uma vitória relâmpago, como previram os alemães. Pois estavam bem informados sobre a situação e o despreparo do exército polonês, por meio de seu aparato de espionagem, dos *Volksdeutschen*, poloneses de ascendência alemã que viviam, havia gerações, na Polônia, e em algumas cidades até formavam a maioria dos habitantes.

A Unidade Militar do coronel Benjamin estava estacionada na Pomerânia, num estábulo de uma grande fazenda, praticamente exposta ao primeiro fogo inimigo. O coronel Benjamin, quando foi convocado, chegou a sua Companhia em sua própria motocicleta, vindo do porto de Gdynia, onde morava. Para comprá-la, economizou muitos anos. Nunca poderia imaginar que tão rápido a perderia; sua querida motocicleta com um cesto acoplado ao lado, na qual levava seu pai, ou sua mãe, para passear, fazer compras ou piqueniques com amigos.

O coronel Benjamin Herszsohn (depois Herson), aos 29 anos era solteiro, filho único. Morava com seus pais em Gdynia, porto polonês da Pomerânia, o território mais cobiçado pelos alemães. Conseguiu, ainda antes de ser convocado para o serviço militar, ajudar os pais na mudança de Gdynia para a cidade de Lodz, próxima aos tios, para distanciá-los da acirrada luta prevista para o território da Pomerânia. Já no primeiro dia de guerra, 1º de setembro de 1939, o exército polonês ficou cercado. Os alemães nem precisaram enfrentar os soldados poloneses em sua marcha para a frente; pegaram-nos pela retaguarda em poucas horas.

Na madrugada do dia 2 de setembro de 1939, depois de terem ouvido tiros de canhões durante toda a noite, os soldados da Companhia, sob as ordens do coronel Benjamin, conseguiram apenas cochilar um pouco, devido à exaustão da marcha do dia anterior e da diarréia que os enfraqueceu. Os alemães dominaram os sentinelas estacionados fora do sítio, sem um tiro sequer, e invadiram o estábulo onde estava acampada a Companhia.

O primeiro encontro com os alemães foi trágico e cômico ao mesmo tempo. Pois a maioria dos soldados, incluindo seus coronéis, acometidos de diarréia, estavam acocorados do lado de fora do estábulo, com as calças abaixadas, quando, na neblina matinal, avistaram os primeiros alemães.

– *Niemcy!!! Niemcy!!!* (Alemães!!! Alemães!!!) – gritavam os homens, correndo apavorados barraca adentro, segurando as calças ainda desabotoadas.

Os alemães entraram do outro lado, surpreendendo o resto da Companhia que, pegos de surpresa, ouvindo os gritos de alerta, não conseguiram dominar a diarréia e, literalmente, "sujaram" as calças.

Os poloneses, pálidos e trêmulos, seguindo as ordens dos alemães, *"Hände hoch"* (mãos ao alto), ao levantar as mãos tiveram que largar as calças. Uma parte da Companhia, então, ficou com as mãos ao alto e as calças sujas caídas, e os outros com calças cheias, abotoadas, e as mãos ao alto. A cena foi tão tragicômica que os alemães, apesar da seriedade da situação, não conseguiram conter os risos. E o comandante alemão disse, rindo:

– *Wie wir sehen, hat sich das polnische Militär beschissen.*

O tradutor, a seu lado, com satisfação, traduziu ao pé da letra o que ouvira: "Como podemos ver, o exército polonês cagou-se".

– *Das Gevehr ablegen. Alle genau durchsuchen und die ganze Scheißbande heraus-treiben!* (Depor as armas. Revistar todos e tudo minuciosamente, e reunir o bando cagado fora do estábulo!) – foi a próxima ordem.

Por sorte, nenhum dos "bravos poloneses" queria mostrar sua coragem e bravura e, obedientemente, depuseram as armas. Assim, dessa vez, não houve vítimas.

Ficaram amontoados, ainda por dois dias e duas noites, no mesmo sítio, e nenhum homem tentou a fuga, mesmo que alguns deles morassem bem perto de local. Os alemães, também rapazes jovens, ainda não embrutecidos pela guerra, eram humanos e permitiram que os pobres soldados sujos se lavassem. Nem todos tinham roupa de baixo limpa para trocar, e a maioria secou suas cuecas ao sol. Durante os dois dias só receberam água e um pedaço de pão. Talvez a falta de alimento tenha ajudado a melhora da diarréia.

Depois de dois dias foram levados por sentinelas alemães para a estação de trem mais próxima e amontoados nos vagões de carga. Cada soldado recebeu um pão de forma preto, que mais parecia um tijolo escuro.

A população da vizinhança não se aproximou deles, já que todos estavam apavorados, fugindo dos alemães.

Por fim, depois de terem passado mais um dia e uma noite no trem lacrado e parado, este começou a mover-se lentamente, atingindo uma velocidade cada vez maior, até que o ritmo monótono das rodas parecesse repetir: "mais longe, mais longe, mais longe..."

O trem, que normalmente servia para o transporte de gado, estava abarrotado de soldados poloneses, capturados pelos alemães nas frentes de batalha ou no caminho, e levados a um destino desconhecido.

Havia prisioneiros feridos, machucados e bêbados, de todas as patentes militares. Havia, entre eles, camponeses, citadinos, semi-analfabetos, universitários, soldados rasos, coronéis e oficiais. Uns perto dos outros, deitados no chão do vagão, onde havia ainda restos de palha seca do último carregamento de gado.

Entre eles estava Benjamin, com sua patente de coronel.

Alguns achavam que era mais seguro ser soldado raso e aconselhavam a retirada da patente, enquanto outros achavam que era melhor ficar com ela, pois, certamente, os alemães respeitariam a Convenção de Genebra e as leis internacionais de prisioneiros de guerra.

Benjamin estava esgotado e deprimido demais para pensar. A única coisa que queria, naquele momento, era dormir um pouco e pôr os pensamentos no lugar. O trem distanciava-se mais e mais da Polônia. O uivo da sirene da locomotiva, com seu "uuh!, uuh!, uuh!" agudo, parecia uma despedida desesperada dos prisioneiros do seu passado.

Era o dia 6 de setembro de 1939. A guerra começara havia apenas cinco dias e já estava perdida. Os alemães carregavam os seus primeiros prisioneiros para a Alemanha.

As estradas polonesas estavam abarrotadas de fugitivos apavorados. Todos carregavam consigo seus pertences: vacas, cabras, galinhas, e tudo gritava, clamando aos céus misericórdia.

Os alemães bombardeavam impiedosamente tudo o que se movia. Havia mais mortos entre civis do que entre militares. Os incêndios ardiam dia e noite. Tudo fugia pelo caminho para Varsóvia. Como se lá estivesse a força militar polonesa que pudesse deter os alemães.

O caminho para Varsóvia estava cheio de civis e militares poloneses. Os civis, muito bem vestidos, com seus carros particulares abarrotados de objetos, parados por falta de gasolina, desesperados, não sabiam o que salvar primeiro; as vidas ou os bens. Não havia praticamente resistência nenhuma ao avanço alemão. De vez em quando, ouvia-se troca de tiros. Surgiam aviões, que com vôos rasantes, passavam sobre as colunas de fugitivos, jogando folhetos de propaganda, que anunciavam: "Voltem para suas casas; a guerra acabou". Ou: "Quem está armado deve depor a arma e ostentar um pano branco".

Não se viam mais aviões poloneses. Dizia-se que o exército polonês estava formando uma nova frente para defender Varsóvia.

O início de setembro daquele ano foi mais bonito do que em muitos anos anteriores. A natureza parecia presentear os fugitivos com mais alguns dias e noites quentes, antes da chegada do impiedoso frio do inverno polonês. As crianças choravam, as vacas mugiam e o sol quente não conseguia amenizar a miséria humana.

O trem, com os prisioneiros, ia para o caminho oposto ao das colunas de fugitivos. Somente quando alguém disse "a cidade de Lodz está se aproximando", foi que Benjamin acordou de seu torpor. Rapidamente, aproximou-se da pequena janela e, quando o trem parou na estação, jogou por ela um papelzinho no qual escrevera: "Quem encontrar este papel, por favor entregue-o no endereço: Ulica Piotrkwska nº 33". E acrescentou adiante: "Estou sendo levado como prisioneiro de guerra. Não estou ferido. Darei notícias logo que puder. Beijos. Benjamin".

Uma alma piedosa levou o recado para a loja de artefatos de couro dos tios de Benjamin. Não é difícil imaginar a alegria dos pais e tios, que estavam preparando a partida. A mãe ria e chorava, repetindo:

– Ele está vivo e não está ferido!!

A família toda ia fugir para a parte da Polônia ocupada pela Rússia. Primeiramente para a cidade de Vilna, ao norte da Polônia, e de lá tentariam viajar para a China. Da China, partiriam para a América do Norte, pois os tios possuíam vistos de imigração americanos. Com a notícia de Benjamin, a família decidiu dividir-se. O pai de Benjamin com o irmão e a cunhada, os tios de Benjamin, viajariam, enquanto a mãe, a irmã e o avô de Benjamin ficariam. Para a mãe, o que mais importava, então, eram as notícias de seu único filho. O resto parecia-lhe indiferente. Se todos fossem embora, Benjamin não teria o novo endereço da família e, por isso, decidiu ficar.

Assim, o papelzinho de Benjamin mudou o rumo dos acontecimentos e até do destino da mãe e da tia solteira Marysia, que decidiram ficar em casa com o avô enquanto pudessem, aguardando notícias suas.

Todos estavam de acordo que a guerra acabaria logo. Ninguém imaginava que se tornaria uma tão longa guerra, contra mães e filhos, contra ascendências religiosas, provocada por ódios descabidos que só mentes doentes poderiam ter criado.

O trem continuava em direção à Alemanha; disso os prisioneiros não tiveram mais dúvida. Não se viam mais fugitivos, nem feridos. As pequenas cidades alemãs pareciam adormecidas na sua vida pacata e calma, em contraste com a efervescente guerra na Polônia, deixada apenas poucos quilômetros para trás. Os prisioneiros, exaustos, também dormiam, acalentados pelo monótono ruído das rodas do trem.

Os Campos Provisórios – *Die Durchgangslager:* Altengrabow e Osterode

De madrugada, todos acordaram com o brusco ranger das rodas que frearam o trem. Abriram-se as portas de todos os vagões. Uma lufada de ar puro encheu os pulmões.

– Onde estamos!? – foi a pergunta geral.

Os alemães mandaram que todos descessem, revistaram os vagões e, em coluna cerrada, mandaram marchar, rápido, todos juntos, uns trezentos prisioneiros.

Passaram por uma cidadezinha ainda adormecida, e uma vez fora dela, avistaram alojamentos militares, quartéis recém-construídos para um destacamento militar alemão, como disse um sentinela. Os dormitórios ainda não estavam prontos. Havia uma cerca de arrame farpado, torres para as sentinelas e, como dormitórios provisórios, garagens mal-forradas com palha.

Logo no início, depois de reunir todos numa praça, o comandante do campo disse aos prisioneiros que, se não cometessem nenhum ato de sabotagem ou outra coisa qualquer que prejudicasse os alemães, seriam tratados conforme ditava a lei internacional relativa a prisioneiros de guerra. Sublinhou que os infratores seriam rigorosamente punidos.

Todos tiveram que se apresentar, com seus documentos e patentes militares, a um escrivão, que fez uma ficha de cada um. Cada um tirou uma foto, que foi plastificada sobre um cartãozinho. Ao lado da foto estava marcado o número. Esse documento perfurado devia ser portado no pescoço, obrigatoriamente, dia e noite. Chamava-se *die Kennkarte* (marca de reconhecimento), e os prisioneiros batizaram-no *hundekarte* (marca de cachorro). Benjamin recebeu o número 744[1].

Depois de alguns dias nas garagens, dormindo no chão de cimento, os homens foram transferidos para os quartéis propriamente ditos. Essa transferência foi precedida de um rigoroso controle de todos os pertences dos prisioneiros e de um banho. Antes do banho, tiveram que dar todas as suas roupas para desinfetar. Depois, receberam de volta os uniformes, meio encolhidos e enrugados.

Os novos aposentos eram bons. Em cada quarto havia somente alguns prisioneiros, separados de acordo com a hierarquia militar. Eles podiam eleger, entre si, o comandante que os representaria perante as autoridades alemãs. Ele deveria ser o mais velho e o de mais alta patente militar entre os prisioneiros presentes.

1. Ver foto, p. 19.

Os dois lados da *Kennkarte* – cartão de reconhecimento de Benjamin Herson.

Havia um refeitório e, lá, cada um recebeu uma sopa de batata e cevada e trezentos gramas de pão de forma, bem pesado e escuro. A sopa foi a primeira refeição quente que comeram desde que foram presos.

Quando apenas escureceu, estavam todos tão cansados emocionalmente que adormeceram, sem tentar saber sequer onde estavam.

O primeiro dia no campo de prisioneiros de guerra amanheceu ensolarado. Felizmente, o verão, também ali, parecia prolongar-se.

O comandante do campo, um bem-vestido e bem-nutrido alemão, oficial da reserva já de certa idade, deu as boas-vindas aos prisioneiros, e ajudado pelo tradutor, disse que se encontravam num campo provisório (*Ein Durchgangslager*) de nome Altengrabow, que permaneceriam ali de quatro a seis semanas e, "se a guerra demorar tanto, mudarão-se para um campo novo, que está sendo construído".

Os prisioneiros pensaram que o comandante estava fazendo uma piada e começaram a rir. O comandante não entendeu o motivo das risadas, pois, para ele, a guerra estava no fim e os alemães próximos da vitória, vencedores de toda a Europa.

Depois de uma noite bem ou mal dormida, os prisioneiros começaram a se interessar pelo ambiente, pelos companheiros, por tudo que os cercava. O ar era puro e fresco. Logo depois de serem contados no *Zählappell*, bem de madrugada, retornaram aos seus aposentos e foi distribuído o café da manhã, que de café não tinha nada: receberam um chá de ervas, não adoçado, e um pedaço de pão com um cubinho de margarina. O pão podia ser cortado em três ou quatro fatias. Os prisioneiros foram avisados de que a ração de pão seria distribuída apenas uma vez por dia. Alguns comeram tudo de uma só vez, outros guardaram uma parte. Depois de uma hora, veio a ordem para que cada um se apresentasse, com seus documentos, na administração do campo, na *Abwehrabteilung*. Formou-se uma fila. Uns queriam ficar livres desse cadastramento, outros não se apressaram e preferiram ficar para o fim. Dessa vez, a inquirição foi sobre a religião. Nos documentos de cada soldado polonês estava anotada sua religião. Mas alguns, de ascendência judaica, com sobrenome judaico e de famílias de tradicionais neófitas, convertidos ao catolicismo há gerações, apareciam como católicos, e eram eles os que mais interessavam aos alemães, pois a doutrina nazista considerava como judeu aquele que o houvesse sido ainda desde quatro gerações. Bem sabiam os prisioneiros judeus que Hitler declarara guerra a eles, aos ricos, aos banqueiros e a todos aqueles que, um dia, fizeram-no sentir-se inferior, ainda na escola, como aluno medíocre que fora. Ninguém podia imaginar que seu ódio irracional e doentio seria capaz de tanta maldade e vingança.

Benjamin, sem hesitar, admitiu que era judeu. Assim fizeram os outros judeus, mas aqueles que nem mais sabiam que eram de ascendência judaica declararam-se católicos praticantes (o que de fato eram). Para se certificarem de que os prisioneiros falavam a verdade, e para humilhá-los ainda mais, os alemães ordenaram uma chamada *Schwanzparade* (desfile de rabos). Literalmente, foram obrigados a marchar nus diante de um médico alemão, para que ele constatasse se não foram circuncidados. Havia muitos poloneses que instigavam a discriminação de oficiais judeus, mas a maioria condenava a discriminação ou não se manifestava a respeito.

Não passou um dia sem que viessem novas levas de prisioneiros trazendo notícias da Polônia; notícias tristes, sem esperança. Alguns dias depois da capitulação de Varsóvia, os alemães trouxeram para o campo centenas de oficiais poloneses. Como os primeiros, também estes ficaram uns dias no campo provisório, no *Durchgangslager*.

Logo que chegaram, ficaram todos ansiosos para falar com eles, para perguntar sobre amigos, familiares. As notícias trazidas eram tristes. Contavam que havia, em Varsóvia, fugitivos de toda parte da Polônia. O cerco alemão, embora não durasse nem três semanas, provocou muito sofrimento, mortes, fome e destruição. Varsóvia, apesar de ter sido ferozmente defendida, fora dominada depois de três semanas, tendo resistido mais tempo do que a Linha Maginot francesa. A desigualdade de forças mostrou o triste despreparo do exército polonês. O desânimo dos prisioneiros foi geral; pior do que a fome, o desconforto e o frio. Cada chegada de novos prisioneiros e das notícias tristes que traziam significava novas preocupações com a família e a incerteza do dia seguinte. Cada vitória alemã – e havia tantas no início – significava uma nova derrota para os prisioneiros.

O número de prisioneiros aumentava com as quedas subseqüentes de países que se rendiam. E o campo de Altengrabow tornou-se pequeno.

Quando o número alcançou de três mil a 3.500 prisioneiros, depois de uma prolongada contagem, de madrugada, no chamado *Zählappell*, foi-lhes anunciado que seriam transferidos para um outro campo. Não sabiam para onde seriam levados. Não havia, também, certeza se todos seriam transportados no mesmo dia. Haviam-se formado pequenos grupinhos de amigos, que se juntavam aos outros.

Atravessaram a pé uma pequena cidade, depois uma floresta e mais um povoado. Todo o tempo escoltados por sentinelas alemãs. Não parecia haver guerra na Alemanha. O povo vivia tranqüilo, seguindo seus afazeres cotidianos, como se estivessem num outro planeta.

Quando estavam mais próximos da estação, ouviram soldados alemães cantando dentro do trem que passava:

– *Wir fahren, wir fahren, wir fahren nach Engel... laand*!!! (Nós vamos, nós vamos, nós vamos para a Inglaterra).

Eram os recrutas alemães levados para a frente de batalha russa.

A locomotiva do trem no qual embarcaram os prisioneiros estava ligada aos vagões na direção oposta daquele que partiu, o que significava que iriam pela Alemanha adentro, cada vez mais longe de casa e da família. Subindo no trem, cada prisioneiro recebeu a metade de um pão de forma. Isso significava que viajariam para longe e que dormiriam no trem, que dessa vez era de passageiros, com bancos e banheiros. A viagem passou tranqüila, e no meio da madrugada do dia seguinte, o trem parou numa estação chamada Osterode.

Todos saíram e começou a marcha para o novo campo. Contornaram a cidade de Osterode, passando por campos e florestas. O ar era puro, a floresta linda, mas toda essa beleza era-lhes indiferente diante do futuro hostil e desconhecido que tinham pela frente.

Afinal, chegaram a um conglomerado de casernas incrivelmente limpas. Só depois souberam que aquelas foram, havia dois dias apenas, casernas ocupadas por oficiais alemães levados para a frente de batalha. Eram casernas luxuosas, com banheiros e água quente. Tudo parecia inacreditável. Só depois deram-se conta que nem todos haviam sido transferidos para Osterode². Para onde foram levados os outros, não sabiam. O bom ambiente, as comodidades, o ar puro e fresco, o clima montanhoso levantaram um pouco o ânimo dos prisioneiros.

Podia-se ver, pela organização e ordem reinantes, que tudo fora planejado nos mínimos detalhes.

Já no ano de 1933, quando Hitler apenas chegara ao poder, os alemães já planejavam a guerra e tinham certeza da vitória.

Em seus planos militares fora incluído o problema dos prisioneiros de guerra de várias nacionalidades. Já haviam planejado como construir os campos, como distribuir os prisioneiros neles, como administrá-los e como tratá-los. Todos os detalhes haviam sido preparados; até os selos de correio, os cartões especiais nos quais os prisioneiros podiam escrever e receber a resposta de parentes.

Imprimiu-se dinheiro especial para o campo: *Offizierslager – Gutschein*³, que só podia circular dentro do campo.

Também foram preparados cartões especiais para refeições: as *Eßkarten*⁴. Seis semanas depois que estourou a guerra, no campo de Osterode já havia *Offizierslager-Eßkarten*, cédulas para alimentos. Os prisioneiros recebiam soldo semanal, conforme a convenção de Genebra assinada pelos Alemães em 27 de julho de 1929 e ratificada em 1934, logo depois que Hitler chegou ao poder.

Foi o almirante alemão Wilhelm Canaris quem se ocupou de todos esses detalhes, e foi ele quem sugeriu substituir os alemães levados para a frente de batalha por prisioneiros

---

2. Osterode é uma cidade em Harzgebiet, na Alemanha Central.
3. Ver foto, p. 25.
4. *Idem*.

Cartão para refeições (*Eβkarten*) e dinheiro especial para o campo (*Offizierslager-Gutschein*) em valor de 10 marcos. Tradução: Essa cédula vale como meio de pagamento para prisioneiros de guerra e pode ser usada por eles somente dentro do Campo de prisioneiros, ou nos grupos de trabalho, nos lugares estritamente autorizados a receber essas cédulas. A troca dessa cédula por outras válidas, como meio de pagamento, só pode ser feita no caixa da Direção do Campo. Danificação, imitação ou falsificação serão punidas. O responsável.

de guerra, que fariam os trabalhos no campo, pois era outono e a colheita tinha que ser concluída.

O artigo 32 da Convenção de Genebra, no entanto, proibia empregar prisioneiros de guerra para qualquer serviço ou trabalho. Mas os alemães queriam que os prisioneiros se voluntariassem em troca de promessas atraentes, como a volta para casa por algum tempo e um soldo melhor e mais alimentos.

Alguns caíam nessa arapuca e perdiam todos os direitos de prisioneiros de guerra, tornando-se empregados de fazendas alemãs, e por qualquer desobediência sendo levados para um campo de extermínio.

Os dias passavam e depois de seis semanas a guerra prosseguia. O mês de outubro, nesse ano, foi relativamente quente e bonito. Alguns prisioneiros receberam as primeiras notícias de parentes da Polônia. Eram cartões com limitado número de linhas, sem envelope, e muito pouco podia-se escrever neles, pois a correspondência era censurada. Mesmo assim, receber notícias era o maior sonho de cada um. As notícias que chegavam (camufladas) eram tão terríveis e inacreditáveis que todos preferiam pensar que eram somente boatos. Não se podia acreditar em tamanha atrocidade.

Era admirável que quase todos se tornassem muito religiosos e rezassem fervorosamente nas missas dos domingos e durante a semana. Os poucos que não freqüentavam a missa eram mal interpretados e incompreendidos, e poder-se-ia dizer, até discriminados. Muitos iam à missa para evitar a discriminação e as perguntas. Os judeus também rezavam, cada um a sua maneira. Havia poucos religiosos que sentiam necessidade de rezar sozinhos fora dos dias santos.

A alimentação que os prisioneiros recebiam era pouquíssima e pobre em calorias, e a fome começou a atormentar os homens aprisionados, relativamente jovens e sadios, cuja média de idade era de 37 anos.

Começou uma intensiva atividade de correspondência dos prisioneiros. Escreviam não somente para familiares e parentes, mas para amigos na Polônia, para o estrangeiro e até para a América do Norte. Os prisioneiros foram instruídos sobre o que podiam escrever e, muitas vezes, as cartas voltavam da censura alemã para o remetente com a indicação das mudanças a serem feitas para que pudessem seguir seu destino.

Cada prisioneiro podia enviar duas cartas por mês. Escreviam para amigos, para a América do Norte, Suíça e outros países europeus pedindo cigarros e alimentos. Com o tempo, foi superada a limitação de número de formulários para cartas. Sentinelas alemãs traziam do escritório mais formulários, em troca de alguns cigarros. Podia-se também usar os formulários de colegas que não os aproveitavam. Benjamin também mandou a primeira carta para sua casa. Passaram-se semanas e não havia resposta. Os outros amigos já tinham recebido várias respostas. Em dezembro, começaram a chegar os primeiros pacotes da Polônia.

Algumas esposas, para manter o ânimo de seus maridos, não somente fisicamente, mas também moralmente, escreviam em códigos. Como, por exemplo: "...o toucinho sabe tudo", ou "...o bolo de mel lhe dirá" etc. Os censores, que entendiam bem o polonês, mandavam cortar tudo no pacote em pedaços para descobrir o que "dizia o toucinho" e o que "dizia o bolo de mel", e o marido, coitado, recebia tudo em migalhas. O prisioneiro implorava à mulher que parasse, mas ela, teimosamente, escrevia que "as sardinhas de Franz afundaram", o que significava que ouvira dizer que os submarinos alemães haviam afundado. Mas tais notícias só traziam aborrecimentos aos pobres maridos. Havia casos de alguns que pararam de receber os pacotes.

O irmão de um prisioneiro escreveu: "Logo tia Ania e tia Frania vêm nos visitar", o que queria dizer que a Inglaterra e a França entrariam na guerra contra os alemães. O censor deixou passar a carta e fez uma anotação: "Tia Ania e tia Frania apanharão como apanhou tia Polcia". Muitas dessas cartas provocaram risos. Mas, ser privado de um pacote pelos censores, enquanto tantos não recebiam nada, era dolorido demais e apagava as risadas.

Afinal, em novembro, também Benjamin recebeu a primeira carta, que era, na verdade, um cartão com sete linhas. Bem no alto do cartão estava escrito: "Escrever nas linhas, com lápis, em alemão". Em sete linhas, a mãe tentou dizer ao seu único filho como estava feliz de ter notícias dele, e que desejava que continuasse com saúde e que escrevesse. A carta não tinha mais o endereço da rua Piotrkowska 33, mas da Koenigsbergstrasse nº 46/158 (uma rua do gueto)[5].

Benjamin, ingênuo, não se deu conta de que a mudança de endereço queria dizer que a mãe fora transferida para o gueto de Lodz, agora chamado de Litzmanstadt. Não sabia, também, da fome que lá graçava, e mandou o primeiro formulário para a mãe poder remeter-lhe um pacote. Por sorte, da Polônia só podiam ser mandados pacotes de 250 gramas, enquanto de outros países, de dois quilos.

Passaram-se semanas e, afinal, no primeiro pacote da mãe, Benjamin recebeu um bolo de mel de 250 gramas. O bolo de mel não se estragava tão rapidamente e, por isso, a mãe mandava-lhe um freqüentemente, antes da guerra, na época

---

5. Essa carta não foi preservada.

que Benjamin ainda fazia serviço militar na escola para oficiais na Polônia (na *podchorazowka*, onde um jovem, e especialmente judeu, só era aceito depois de uma rigorosa seleção). Naquele tempo, Benjamin enjôou tanto de bolo de mel que não podia mais vê-lo em sua frente, mas, bem-educado como era, não disse nada para a mãe.

Porém, daquela vez, o bolo de mel foi recebido de maneira diferente. Além de ser comido com muita fome, significava que a mãe estava viva. Foi o dia mais feliz de Benjamin, desde sua prisão. Contudo, se ele soubesse com que dificuldade a mãe conseguira fazer aquele, mesmo pequeno, bolo de mel, não o teria pedido. Pois, no gueto de Litzmanstadt imperava a fome extrema e, certamente, os ingredientes para um bolo de mel tinham que ser comprados em troca de alguns valores, no mercado "negro".

A situação dos prisioneiros melhorou quando a animada correspondência com amigos de fora trouxe os primeiros resultados. Começaram a chegar excelentes pacotes contendo cigarros, café solúvel, toucinho, conservas de presunto, carne e peixe. Também a Cruz Vermelha Internacional passou a mandar (poucos) pacotes para os prisioneiros de guerra.

Eram os prisioneiros judeus que mais escreviam para os países estrangeiros, fora da Polônia. Eram eles que mais possuíam amigos e parentes por lá e foram também eles que começaram a receber os melhores pacotes. Já no início de dezembro de 1939 começaram a chegar os primeiros pacotes da América do Norte, do Canadá e de países da Europa.

Benjamin escreveu para seu amigo Milton Citron, que morava em Montreal, e a quem conhecia desde menino, da cidade de Lublin, onde morou com os pais vários anos e com quem jogava futebol. Citron foi um bom amigo de infância e, já no fim do ano de 1939, Benjamin recebeu dele o primeiro pacote com excelente conteúdo: chocolate, café solúvel, cigarros, mel e biscoitos. O pacote pesava dois quilos. Continha, também, luvas de lã e um cachecol. Abençoado, querido amigo! Especialmente esse pacote foi comovente, por ter sido o primeiro e de conteúdo escolhido com tanto carinho.

A chegada dos pacotes parecia não somente amenizar a fome dos prisioneiros, mas o contato com o mundo livre dava-lhes a esperança de sobreviver e, um dia, também estarem livres.

Pelas cartas que chegaram, souberam que a cidade de Lodz chamava-se agora Litzmannstadt e que pertencia ao governo de Warthegau.

O número de pacotes começou a crescer com a chegada dos meses de novembro e dezembro de 1939. As cartas de suas casas com desejos de Feliz Natal e palavras de ânimo levantaram o astral dos prisioneiros. Todos queriam acreditar na rápida derrota dos alemães.

Antes do Natal, aviões ingleses jogaram folhetos, animando os prisioneiros. Mas, mesmo assim, o Natal desse ano, o primeiro longe de casa, foi muito triste para todos.

O outono, embora prolongado e ensolorado, não deixou de trazer as chuvas e, com elas, a umidade e o frio. Com o frio, começaram maiores dificuldades de sobrevivência. As barracas eram pouco aquecidas e a roupa era insuficiente para agasalhar os prisioneiros. Tudo junto foi muito deprimente. Para desanimar ainda mais, os alemães empreendiam, freqüentemente, uma fiscalização rigorosa de todos os pertences dos prisioneiros, remexendo tudo nos menores detalhes. Os livros tiveram especial atenção, sendo folheados do começo ao fim. Muitas coisas eram confiscadas e jogadas no meio da praça, formando uma montanha de objetos a serem destruídos.

Os oficiais poloneses judeus e de ascendência judaica tiveram tratamento especial. Foram postos numa barraca separada. Freqüentemente, eram feitas listas de seus nomes. Recebiam ordens para se apresentarem para marchas e transferências, apesar do frio. Felizmente, as marchas não chegavam a se realizar, e serviam apenas para assustá-los e diferenciá-los dos demais. Essa discriminação provocava protestos do "mais velho" (*der Älteste der Offieziere*), representante dos prisioneiros, que, às vezes, davam resultado.

Os alemães, com as constantes vitórias, viviam em euforia. Dias inteiros ouviam-se pelos alto-falantes e rádios as canções: *Deutschland, Deutschland über alles*, ou *Wir faaaren, wir faaaren nach Engeeeland!!!* (Alemanha, Alemanha acima de tudo, ou Nós viajamos, nós viajamos para a Inglaterra!!).

Com as derrotas de vários países, chegavam levas e mais levas de novos prisioneiros para o campo. Cada um deles contava sua tragédia e, com ela, diminuíam o ânimo e a esperança de sobrevivência. Os otimistas tentavam animar seus amigos, mas, quando em junho de 1940 a França, com sua afamada linha Maginot, capitulou, até os maiores otimistas perderam a confiança.

Naquela atmosfera de desânimo, foi anunciada aos prisioneiros uma transferência para outro campo.

Os alemães deram ordens aos prisioneiros que só levassem consigo a quantidade de bagagem que cada um fosse capaz de carregar. Todos haviam acumulado muitas coisas, livros e apetrechos, que lhes pareciam valiosos. Carregados de pertences, foram escoltados até uma estação de trem que, por sorte, não era muito distante. Dessa vez, novamente foram alojados em vagões de carga. Muitos pensaram em fugir durante o movimento lento dos vagões de trem, mas no fim acovardaram-se e desistiram.

O CAMPO DE WOLDENBERG
OFFLAG II C

Depois que o trem passou pela cidade de Magdeburgo, os prisioneiros constataram que estavam indo em direção ao oriente, à Polônia. Na mesma noite, passaram pela cidade de Berlim, obscurecida devido ao perigo de bombardeio noturno. Depois de Berlim, o trem prosseguiu na mesma direção. No dia seguinte, parou numa cidade pequena e, da estação de trem, os homens foram escoltados a pé. Passando uma floresta, já de longe, através das árvores, podiam ver aglomerações de barracas de um grande campo. Era o Campo de Woldenberg – Offlag II C, que em polonês chamava-se Dobiegniew.

A única coisa que os alegrou foi saber que estavam mais perto da Polônia. Os prisioneiros usavam, em absoluto segredo perante os alemães, o nome Dobiegniew quando se referiam ao campo. Usavam-no nos jornais secretos, nas ordens diárias de direção dos prisioneiros, nos cartões de felicitações e, também, nos julgamentos de honradez, muito freqüentes entre os poloneses. Os prisioneiros gostavam do nome Dobiegniew[6], pois, em polonês, quer dizer "chegar correndo", e queriam acreditar que "chegariam correndo" para a liberdade. Só que não sabiam se, ao fim da guerra, alcançariam a liberdade em vida ou na morte.

Os alemães começaram a construir esse campo logo no início da guerra, entre 1939 e 1940. Obrigaram prisioneiros, soldados rasos poloneses, mal agasalhados, esfomeados, a construí-lo durante o inverno rigoroso. Desses "construtores de campo" sobraram muitos túmulos no cemitério, fora do arame farpado do campo de Woldenberg.

Depois da capitulação da França, os alemães tinham mais de dois milhões de prisioneiros. No começo, os franceses eram melhor tratados e os oficiais franceses acomodados nos quartéis mais confortáveis. Para os oficiais poloneses, foram construídas barracas em Woldenberg, no meio de um campo, distante de aglomerações e cidades.

Os pequenos campos para oficiais poloneses, que se situavam, no início da guerra, em castelos, escolas ou mosteiros, foram liquidados, e os prisioneiros que lá estiveram foram trazidos para as recém-construídas, mal-acabadas e úmidas barracas de Woldenberg.

Na chegada, todos estavam cansados e com sede. No campo, foram recebidos com um discurso "floreado" do novo comandante do campo, o general Baron von Puttckamer. O comandante, um *Junkier* da Prússia, sentado numa enorme égua branca, escolheu para seu discurso palavras que indica-

---

6. Hoje, a cidadezinha de Dobiegniew pertence à Polônia.

vam sua esmerada educação. Os prisioneiros acharam que o discurso era doce como o mel artificial (o *Kunsthonig*) que recebiam aos domingos. Perto da égua do general, estava em pé um tradutor da Gestapo (polícia secreta alemã). Um magrela, de cara esverdeada, que deveria traduzir as palavras do general para o polonês. Pela péssima tradução, os prisioneiros puderam perceber que, de polonês, ele sabia muito pouco, e que o papel de tradutor servia-lhe de escudo perante o medo de ser recrutado para uma frente de batalha. O discurso do general alemão começou assim:

– *Jak jence polskie beda grzeczne, to pan generala bedzie im robila na reke* – o que significava: "Se os prisioneiros não cometerem atos de sabotagem serão bem tratados", mas que o intérprete traduziu como: "Se os prisioneiros poloneses forem bem comportados, aí o senhor general lhes fará na mão".

Os prisioneiros divertiam-se a valer. A cena era digna de uma peça teatral: um importante general, que imaginava que suas "floreadas" palavras e a fineza de sua linguagem clássica chegavam aos ouvintes, enquanto perto dele um pequeno, franzino e cadavérico soldadinho, tremendo de medo de ser descoberto em sua farsa de não ser conhecedor da língua polonesa.

Sete mil oficiais poloneses ouviam o discurso de boas-vindas com um silêncio indiferente, mas quando o ridículo tradutor disse:

– *Pan general mówic ze wy dobre chlopa, ale ze teraz byc gorzej, bo tu nie byc dobre koszary* (O general diga vocês bons camaradas, mas vai ser pior porque aqui ruins casernas) – de quase sete mil gargantas ressoou uma estrondosa gargalhada interminável.

Os alemães que assistiram ao discurso não entenderam a razão da alegria dos prisioneiros. Mas o riso fez bem a todos e levantou um pouco os ânimos.

Os prisioneiros queriam e tinham de acreditar na derrota final dos alemães, apesar da capitulação da França, apesar da derrota dos ingleses em Dunquerque e apesar de Mussolini ter aderido a Hitler depois de longa hesitação. Esse foi o assunto mais debatido entre os prisioneiros, embora soubessem que a guerra demoraria mais de "seis semanas" e não soubessem quantos sofrimentos ainda os aguardavam. Queriam ter esperança, e uns davam força aos outros.

Animados, foram divididos nas barracas. Em cada barraca foi acomodada uma campanha de 150 pessoas. Os alojamentos eram muito primitivos: as barracas nem tetos verdadeiros tinham, sendo cobertas somente por lona, que constantemente deixava vazar água da chuva. As camas eram beliches. As de cima ficavam encharcadas depois de cada chuva, e as de baixo, que ficavam somente alguns centímetros acima do chão de tijolos, estavam sempre úmidas, apesar do papel e velhos jornais que colocavam sob os colchões. Os ocupantes das camas do meio tinham que agüentar, por sua vez, as queixas dos de cima e dos de baixo. Os colchões de papel, em lugar de feno ou palha de trigo, receberam um pouco de fina palha de madeira, conhecida durante a guerra como *Holzwolle*.

Ao longo das paredes da barraca havia prateleiras, nas quais cada prisioneiro tinha seu espaço, geralmente coberto por uma toalha pertencente a ele. No meio da barraca havia uma espécie de aquecedor comprido de tijolos com um nicho, no qual podia-se conservar o calor de um prato de comida, se o aquecedor estivesse quente. A lavanderia dividia a barraca em duas partes. Logo na entrada estava o banheiro, que podia ser usado somente durante a noite, quando a barraca ficava fechada. Durante o dia, os prisioneiros eram obrigados a usar as latrinas de fora.

Só depois de certo tempo foram construídas latrinas de tijolos, mais amplas e mais cômodas. Os prisioneiros chamavam-nas ironicamente de: *Herman Göring's werke*" (oficinas de Herman Göring).

Enquanto estava quente e as janelas permaneciam abertas, não se sentia o abafamento do lugar superlotado. Saindo da barraca, podiam-se encontrar centenas de conhecidos de vários lugares da Polônia, ouvir suas histórias e seus pontos de vista. Mas, durante o frio, tudo se tornava mais sombrio.

Depois de algumas semanas, a organização do campo estava completa e o campo dividido em duas partes: a oriental e a ocidental. As partes, por sua vez, dividiam-se em batalhões. Cada batalhão tinha mil ou mais prisioneiros, e elegia "o mais velho" como seu representante perante as autoridades alemãs, chamado *der Älteste der Offiziere*.

Como primeiro representante do campo inteiro de Woldenberg, foi eleito, por unamidade, o coronel Ignacy Misiag, por ser um homem digno, justo e capaz de defender os prisioneiros perante as autoridades alemãs. Para dirigir o campo, recebeu ajuda dos representantes dos respectivos batalhões. O campo de prisioneiros de guerra Woldenberg Offlag II C tornou-se o maior campo de oficiais poloneses.

No espaço de 25 hectares, foram acumulados 6.700 homens, relativamente sadios, com capacidade intelectual acima da média da Polônia da época. E todos foram condenados a não fazer praticamente nada, por um tempo indeterminado.

Muitos dos recém-chegados estavam feridos, ou tinham apenas cicatrizadas as feridas mal-curadas. Ficaram acomo-

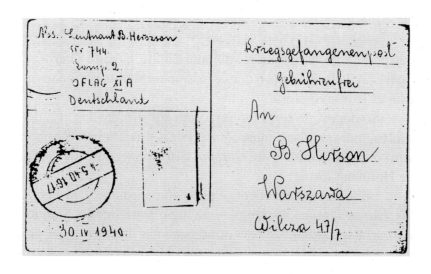

Benjamin recebeu um cartão-postal de um primo de Varsóvia (seu xará) que milagrosamente estava livre e avisava sobre a mudança de seu endereço para breve. Benjamin enviou ao primo, em seguida, do Campo, um cartão-fotografia, que recebeu de volta, no Rio de Janeiro, depois da guerra, em 1947.

dados nas novas barracas, onde a umidade escorria das paredes e molhava os colchões. E só recebiam leves cobertores de algodão, enquanto o inverno chegava impiedosamente.

Com as vitórias alemãs, ampliavam-se as frentes de batalhas, e para lá tiveram que mandar os novos recrutas, esvaziando de mão-de-obra os campos e as fábricas. Começaram a faltar na Alemanha homens para os trabalhos do campo e da produção. Depois de muita insistência, cada vez mais agressiva, o ministro de assuntos de produção para os fins de guerra exigiu que os prisioneiros fossem, de qualquer maneira, liberados dos campos e postos à disposição de trabalhos civis em lugar dos alemães recrutados para as frentes de batalha.

Com pedidos e ameaças, com promessas e subterfúgios, os alemães obrigaram muitos sub-oficiais e soldados rasos, entre os prisioneiros, a assinar a desistência "voluntária". Fizeram-nos, dessa maneira, desistir do estatuto de prisioneiro de guerra e tornarem-se civis, sem proteção da Convenção de Genebra.

Já em julho de 1940, Hitler assinou um decreto que permitia aos prisioneiros passarem para a condição de civil voluntariamente, desistindo do status de prisioneiro. Muitos, com a esperança de voltar para casa, por ignorância, assinavam esses documentos, tornando-se civis vulneráveis e, logo em seguida, eram levados para trabalhos na Alemanha. Geralmente, soldados rasos assinavam esse acordo, não sabendo do subterfúgio do qual se tornavam vítimas. Dessa maneira, o número de prisioneiros diminuiu muito e os alemães ganhavam mão-de-obra quase gratuita, que substituía os soldados alemães recrutados para a frente russa. Os oficiais e coronéis eram mais esclarecidos e raramente assinaram a desistência do status de prisioneiro, embora os alemães tentassem convencê-los a fazê-lo. Os oficiais judeus ou de ascendência judaica não entravam em cogitação, pois ambas as partes sabiam que um judeu fora do campo só seria transferido para um campo de concentração ou, na melhor das hipóteses, para um gueto.

O campo de prisioneiros era dirigido por um comandante alemão, *Lagerführer*, ajudado por um aparato especial. Os comandantes e auxiliares, geralmente, eram oficiais ou generais reformados, de certa idade, e eram eles que reuniam os prisioneiros para serem contados no *Zählappell*, de manhã e à noite e, às vezes, por castigo, durante horas e horas sem fim.

Havia um advogado alemão para assuntos legais, e também um responsável pelo ambulatório, hospital e farmácia. Muito importante era a presença do *Abwehroffizier*; jovem do partido S.A. (*Sturm Abteilung* – Seção de Ataque), especialmente treinado para sua função, que tinha forte influência sobre o comandante do campo. Praticamente era quem mandava, e o seu poder era ilimitado. A ele cabiam a supervisão da atmosfera política do campo, a espionagem de tendências de fuga, de resistência, de revolta e o controle das conferências e debates dos prisioneiros.

Além disso, supervisionava os censores, que conheciam bem o polonês, para saberem, a partir do conteúdo das cartas, as tendências dos prisioneiros. E era ele quem controlava, rigorosamente, o conteúdo dos pacotes e ordenava freqüentes revistas aos pertences dos prisioneiros e apreensão de objetos pessoais, que apresentavam para o prisioneiro valor inestimável. Dependendo do grau de sua maldade, o *Abwehroffizier* espalhava, maliciosamente, rumores de acontecimentos ruins na Polônia, para deprimir ainda mais o ânimo e a esperança dos prisioneiros. Freqüentemente, provocava situações que tinham, às vezes, fins trágicos. Além das inúmeras doenças físicas, o que mais fazia sofrer aos prisioneiros era a depressão nervosa, que culminava em tentativas de suicídio, às vezes bem-sucedidas.

As notícias da Polônia continuavam vindo muito desanimadoras. Em maio de 1940, os oficiais poloneses do campo de Woldenberg decidiram separar uma parte de seus soldos e criar um fundo para os prisioneiros que não recebiam soldos dos alemães, como também um outro fundo de ajuda às viúvas e aos órfãos da Polônia. Esse fundo chamado F.W.S. (Fundo para Viúvas e Órfãos) era respeitado pelos alemães e podia agir legalmente. Sob a proteção da legalidade, foram enviados recursos para hospitais, onde trabalhadores doentes de várias nacionalidades estavam, até então, deitados no chão de cimento, em Szczecin, sem remédios e sem assistência. Foram, também, enviadas para a Polônia somas para os conspiradores (os *partisans*), que lutavam nas florestas contra o ocupante alemão. Quando, em novembro de 1942, os alemães proibiram as atividades da F.W.S., ela se transformou na Comissão Particular de Correios e, sob esse disfarce, funcionava arrecadando significativas somas, provenientes da venda de selos e outros serviços, e enviando dinheiro para endereços particulares que, de lá, seguiam para outros destinos[7].

Infelizmente, não podiam ser incluídos, nessa ajuda, as viúvas e os órfãos de judeus poloneses, por razões óbvias: todos os judeus eram perseguidos e estavam ou nos guetos, nos campos de concentração ou (muito poucos) escondidos.

Os prisioneiros oficiais judeus que ainda tinham algum contato com a família mandavam ajuda, tirando recursos de seus parcos soldos particulares. Como, por exemplo, o caso

---

7. Deve-se sublinhar que não há notícias de outro campo de prisioneiros que tenha empreendido tantas ações de caridade como o de Woldenberg.

que ficou conhecido no gueto de Litzmannstadt, quando Benjamin mandou do campo de prisioneiros, além de dinheiro, uma raiz (um bulbo) de tulipa vermelha para o aniversário de sua mãe. Em outra oportunidade, ele mandou a ela um cobertor de lã. Mas esses eram casos muito raros, e só aconteceram nos primeiros anos da guerra[8].

---

8. Os alemães permitiram mandar pacotes para fora do campo até o fim do ano de 1943. Depois, só permitiram mandar dinheiro, proveniente do pequeno soldo que os prisioneiros recebiam.

Os Prisioneiros Poloneses com Sobrenomes Alemães

Um dos problemas nos campos de prisioneiros poloneses ocorreu quando, no início da guerra, os alemães tentaram retirar de lá os prisioneiros com sobrenomes alemães e dar-lhes a nacionalidade alemã.

Tentaram isso no campo de Woldenberg com o almirante Josef Unrug. Reuniram-no a outros membros alemães da família Unrug, fora do campo, mas ele negou-se a mudar sua cidadania de polonesa para alemã.

O comandante alemão convidou outros oficiais com sobrenomes alemães a juntarem-se a famílias do mesmo sobrenome, famílias até com brasões de nobreza.

Um diálogo muito curioso desenrolou-se entre parentes de um certo coronel Rosenberg – nome popular alemão, mas também bastante popular entre os judeus. A convite do *Abwehr*, o coronel Rosenberg, prisioneiro de Offlag II C, foi escoltado por um sentinela-coronel alemão a um dos mais elegantes restaurantes de uma cidade mais próxima de Woldenberg. Os convidados, os supostos parentes, chegaram elegantemente vestidos e curiosos para encontrar o membro da família, aparentemente perdido pela nação alemã. Estavam muito bem dispostos a receber seu novo parente e ajudá-lo em tudo que fosse necessário.

Depois das apresentações de praxe, o garçom distribuiu os cardápios. Desculpou-se pela escasses do menu, responsabilizando a guerra, e recomendou um excelente prato do dia, que foi do agrado de todos. Comeram em silêncio, degustando a boa comida e, só de vez em quando, o mais velho, provavelmente o pai do clã, jogava umas perguntas ao prisioneiro, como:

– De onde provém sua família?
– De Bialystok – respondeu o prisioneiro Rosenberg.
– Interessante que para lá, para a Polônia, há muito tempo, emigraram nossos ancestrais, na época chamada *der Deutsche drang nach den Osten* (o impulso alemão para o oriente). Isso se deu quando uns príncipes poloneses, por medo da invasão dos mongóis, incentivaram a emigração alemã, com o intuito de povoar os vastos territórios, oferecendo aos emigrantes muitos privilégios. Isso deve ter ocorrido no século XII ou XIII. Podiam exercer suas profissões livremente, seguir a religião e falar o alemão. Com o tempo, as futuras gerações polonizaram-se muito e nem queriam ser lembradas de sua ascendência alemã. Mas hoje... hoje... – debochou o Rosenberg alemão com orgulho – hoje todos querem ser alemães. Não é? – disse, dirigindo-se para o Rosenberg prisioneiro.

Depois dessa sua narrativa e da última pergunta, veio um prolongado silêncio. Comeram devagar, saboreando a sobremesa. Quando o jantar acabou e o representante da Wehrmacht mandou ainda servir um conhaque, esperando que isso ajudasse no "desenrolamento" das línguas e facilitasse a conversa, o Rosenberg prisioneiro disse, com a voz meio embriagada:

— Sei que minha família vive na Polônia há muitas gerações, não saberia dizer há quantas. Só sei que as mulheres da minha família tinham fama de terem sido muito bonitas, e um dos Rosenberg apaixonou-se por uma delas e, embora fosse judia e havendo grande pressão por parte da família dele contra o enlace, casou-se com ela e viviam felizes, procriando muito.

O patriarca alemão dos Rosenberg, que nesse momento bebia um pouco de conhaque, engasgou-se e começou a tossir tão fortemente que não houve meio de acalmar a tosse. Ele teve que ser levado para a farmácia mais próxima e, assim, acabou o encontro.

Saindo do restaurante, o coronel da Wehrmacht pediu desculpas à família Rosenberg e, quando se distanciaram, gritou, vermelho de raiva, para o Rosenberg prisioneiro:

— *Sie verfluchter. Warum haben sie mir denn nicht gesagt das sie jude sind?* (Seu maldito. Por que não me disse que era judeu?).

— *Weil ich kein jude bin* (Porque não sou judeu).

— *Was?!! Sie sind kein jude?! Wieso?!* (O quê? Você não é judeu? Como?!)

— *Weil die Frau die den Rosenberg mal geheiratet hat, hat sich durch die evangelische Kirche taufen lassen und ist keine Jüdin mehr gewesen. Das ist schon hunderte jahre her, und die alle Abstammenden sind keine juden mehr gevesen, also deshalb bin ich auch kein Jude. Ich bin Pole und will Pole bleiben. Ich will die Deutsche Nationalität nicht haben* (Porque a mulher que se casou com o Rosenberg converteu-se para o evangelismo e não seguia mais o judaísmo. Isso aconteceu há centenas de anos, e todos os descendentes dela não foram mais considerados judeus, e por isso também não sou judeu. Sou polonês e quero continuar polonês, e não quero a nacionalidade alemã).

— *Na so was? Was mach ich jetzt mit Ihnen?* (Mas, que coisa? Que faço com você, agora?) — *Man kann sie in die jüdische bararaque stecken* (Pode ser posto na barraca judaica).

— *Ich bin aber kein jude. Ich habe nur die wahre Geschichte meiner Familie erzählt* (Mas, eu não sou judeu. Eu só contei a verdadeira história da minha família).

Depois desse vexame do coronel da Wehrmacht, o prisioneiro Rosenberg ficou isolado por uma noite do resto dos prisioneiros. O representante dos prisioneiros interveio a seu favor e Rosenberg não foi designado para a barraca judaica.

Também Rosenberg deixou uma declaração, como os outros, no caso de serem transferidos para um outro campo, escrita no escritório do representante do campo de prisioneiros de Woldenberg, que se sentiam poloneses e que não pretendiam trocar sua nacionalidade. Uns doze de sobrenomes alemães foram transferidos para um campo situado num castelo. Entre eles foi levado o pobre Rosenberg, que por causa de um conhaque, falou demais.

Lá, no castelo, os alemães já haviam reunido uns trezentos oficiais de outros campos com sobrenomes alemães. Eles recebiam alimentação melhor e tinham um pouco mais de liberdade. No entanto, depois de alguns meses, esse campo foi desativado, porque nenhum deles queria mudar sua cidadania polonesa para a alemã. Os prisioneiros de lá ficaram em barracas provisórias, situadas próximo às fábricas de munição, que eram bombardeadas, freqüentemente, pelos aliados, e só por sorte escaparam da morte.

A Barraca XII A – A "Barraca Judaica"

Não se sabe exatamente como surgiu o gueto judaico em Woldenberg. Durante o verão de 1940, os alemães tiraram dos campos de prisioneiros poloneses todos aqueles que estavam sujeitos aos parágrafos racistas de Nürenberg, e os reuniram num grande campo de prisioneiros internacionais, no campo de Hammerstein. De lá, o grupo de judeus supostamente deveria ser libertado ou distribuído nos guetos ou campos de concentração, o que significava martírio e morte. Mas até hoje não se sabe por que, na última hora, os alemães desistiram desse plano e oitenta oficiais judeus e de ascendência judaica foram levados para o campo de Woldenberg e reunidos na barraca XII A, com a proibição de se mudarem para qualquer outra barraca.

O representante dos prisioneiros tentou espalhá-los por todas as barracas, mas os alemães não permitiram, mantendo-os separados dos outros e reunidos na barraca XII A. Em cada barraca cabiam 150 prisioneiros, e como judeus e de ascendência judaica somavam apenas oitenta, o resto foi completado com não-judeus. Durante os anos seguintes da guerra, a Gestapo alemã tentou várias vezes excluí-los da proteção da Convenção de Genebra. Perturbavam-nos, muitas vezes ordenando que ficassem de prontidão para marchas, transportes e deslocamentos. A cada vez, as ordens eram mudadas, e depois de terem que passar por uma revista pessoal e de seus pertences, o grupo de oitenta judeus voltava para a barraca XII A. Freqüentemente, o representante dos prisioneiros os defendia e protegia.

Nenhuma das outras barracas reunia pessoas tão diferentes entre si. Com o tempo, a barraca XII A passou a ser considerada a mais interessante, por causa da diversidade de seus componentes.

Coincidiu que não havia, no exército polonês, nenhuma companhia sequer que não tivesse um ou dois oficiais como prisioneiros no campo de Woldenberg.

Antes da guerra, faziam-se piadas e contavam-se anedotas sobre a 25ª Unidade de Cavalheiros de Wielkopolska, estacionada na cidadezinha de Pruzany, onde não existia nenhum trem. No campo de Woldenberg encontraram-se, por acaso, quatro membros dessa unidade: o coronel Vitold Morawski (diplomata, rico fazendeiro de Wielkopolska); o coronel da reserva, o príncipe Stefan Czetwertynski; o coronel Stanislaw Gutman, grande amigo de Benjamin, rico cidadão de Lodz, de ascendência judaica; e o quarto, filho de ricos camponeses, o coronel Jan Blasinski.

O coronel Stanislaw Gutman, que antes da guerra fora representante de uma firma internacional que monopolizava o comércio de arame, foi incorporado à barraca judaica XII A e lá fez amizade com o coronel Benjamin Herson. Formaram até uma espécie de sociedade, criando uma cozinha em comum, dividindo os conteúdos dos pacotes e tornando-se grandes amigos. Stanislaw Gutman ficou muito doente de tuberculose pulmonar e quem cuidou dele no campo foi o amigo Benjamin Herson.

Depois da guerra, Stanislaw Gutman mudou seu sobrenome para Gall e, embora nunca tivesse tido idéias comunistas, foi nomeado pelo regime comunista polonês, Adido do Comércio Estrangeiro. Por alguns anos, representou a Polônia como Adido Comercial no Japão, e veio, uma vez, numa missão diplomática polonesa para o Brasil. Ao lado de seu amigo Benjamin, àquela altura já naturalizado brasileiro, Stanislaw passou um inesquecível carnaval no Rio de Janeiro.

As leis de Nürenberg reuniram na barraca XII A, sob o mesmo teto e no mesmo gueto, pessoas completamente estranhas e distantes entre si. Embora todos chamados de judeus, distinguiam-se não somente quanto à ascendência social, religiosa ou nacional. Existiam entre eles membros da aristocracia judaica, muitos convertidos ao cristianismo havia várias gerações. Alguns nem mais sabiam de sua ascendência judaica, ou não o queriam mais saber. Consideravam-se poloneses havia 150 anos e eram profundamente arraigados à cultura polonesa. Esses encontraram-se, na barraca XII A, com representantes da típica pequena burguesia judaica, provenientes das cidadezinhas do oeste polonês que, obstinadamente, continuavam no seu nacionalismo judaico e tratavam a sua permanência na Polônia como uma transição obrigatória pela diáspora. A barraca XII A tinha, portanto, feição burguesa. Havia muito poucos com idéias socialistas ou comunistas; a maioria era formada pela liberal inteligência burguesa. Estavam lá, entre outros, o doutor em Física Ludwik Natanson (de família, havia gerações, convertida ao catolicismo); excelentes psiquiatras, como o dr. Stein, muito conhecido na Polônia; o culto Ludwik Kohn; literatos e escritores, como o popular ensaista Walfisz (Wallissa), Flukowski, Marian Brandys e outros. Havia também grandes advogados, como o dr. Ceranka, de Varsóvia, que tinha uma voz linda, e quando cantava músicas litúrgicas, as paredes pareciam estremecer de emoção. Lá estavam também os advogados Dãob, Ihrlich, Oks, Benjamin Herson e Rafal Lotz, que, presume-se, tenha contribuído com algumas de suas cartas para que os oficiais judeus poloneses continuassem sob a proteção das leis de Genebra[9].

Entre os engenheiros destacaram-se: Unger, Podgórski e Kowalski. Entre os comerciantes, ficaram populares Engelman e Stefan Askanas.

---

9. Assunto tratado mais adiante.

As Cartas de Rafal Lotz

Rafal Lotz nasceu na Polônia, na cidade de Slonim, no ano de 1909. Quando jovem, pertenceu à organização sionista Hashomer Hazair (o Guardião Jovem). No ano de 1934 formou-se em Direito pela Universidade de Varsóvia. Naquela época, já havia completado o serviço militar obrigatório, e como coronel da reserva, foi mobilizado em março de 1939. No dia 1º de setembro de 1939 encontrou-se com sua companhia no primeiro fogo de guerra que acabava de estourar. Junto com os outros oficiais, tornou-se prisioneiro de guerra, e ao lado de outros coronéis judeus, ficou no campo de Woldenberg, na barraca XII A.

O coronel Rafal Lotz teve a idéia genial de alarmar o mundo sobre os perigos que pairavam sobre os judeus no cam-

po de prisioneiros. Por vários meios, descobriu como contactar os diretores da Agência Judaica: em Londres, o sr. Szwarzbart, e, na Palestina, o dr. I. Grinbaum e o sr. M. Szertok.
Rafal Lotz escreveu-lhes: "Dêem notícias para o sr. Clav Adom, para que cuide de nós". *Clav Adom*, em hebraico, quer dizer Cruz Vermelha. O efeito foi quase imediato; e, um belo dia, apareceu no campo de Woldenberg uma delegação da Cruz Vermelha de Genebra e exigiu que os alemães lhes mandassem, a cada três meses, um relatório do número de oficiais judeus que se encontravam no campo. Daquele dia em diante, a situação dos judeus melhorou visivelmente. Os alemães não procuravam mais por judeus fora da barraca judaica, e estes podiam, com mais tranqüilidade, aguardar o fim da guerra.

Rafal Lotz, quando retornou para Varsóvia no fim da guerra, foi nomeado Cônsul Geral da Polônia na Palestina, cargo que ocupou de 1946 até 1948. E, quando se formou o Estado de Israel, Rafal Lotz tornou-se, oficialmente, o primeiro representante da Polônia no Estado de Israel, de 1948 até 1950. Retornou para a Polônia e emigrou oficialmente para Israel como advogado particular em 1956, e mora em Tel-Aviv até hoje (pelo menos até 1995). Escreveu um livro em hebraico sobre sua vida no campo: *B'adjuta hashlishit* (No Terceiro Andar). O título remete, provavelmente, ao fato dele ocupar no beliche a cama do terceiro nível.
Rafal descreve em seu livro os mais notáveis acontecimentos; não se detém a detalhes ou descrições. O importante nele é que o autor analisa os motivos pelos quais os alemães deixaram os prisioneiros judeus com vida e protegidos pelos estatutos de Genebra. Fala de uma suposição segundo a qual o governador da Polônia, Frank, não desejava que os oficiais

judeus fossem para os guetos na Polônia, porque poderiam criar lá núcleos de oposição ao regime nazista.

Mas o que teria impedido que os alemães tratassem os oficiais da mesma maneira que tratavam os soldados rasos judeus, que voltavam para a Polônia dos campos de batalha? Pois, logo no início da guerra, no outono de 1939, quando se criavam os campos de passagem, os *Durchgangslager*, e ainda não havia guetos formados, esses soldados eram mortos em massa. Por isso fica a pergunta: por que trataram os oficiais de forma diferente, e, além disso, por que a Convenção de Genebra e a Cruz Vermelha defenderam esse grupinho de oficiais judeus, enquanto falharam na defesa da população civil judaica? Até hoje não se sabe ao certo.

O livro de Lotz contém gravuras e fotos originais do campo e traz uma grande contribuição (em hebraico) para a pouco conhecida história do grupo de oitenta oficiais judeus poloneses que sobreviveram à terrível Segunda Guerra Mundial, durante cinco anos e meio, no campo de prisioneiros de guerra.

Lotz também lembra, em seu livro, as diferentes posições dos colegas poloneses no campo, alguns da ONR, organização nacionalista e anti-semita, que culpava os judeus por todas as desgraças e frustrações da Polônia de antes da guerra, e que achava que Hitler fazia bem em persegui-los e eliminá-los. Ao mesmo tempo, o advogado Lotz lembra os amigos poloneses que mostraram solidariedade para com seus colegas judeus.

Conta, por exemplo, o episódio no qual os alemães avisaram que os oficiais judeus seriam proibidos de receber pacotes com alimentos de fora do campo. Os colegas poloneses, encabeçados pelo representante dos prisioneiros, ameaçaram que todos se negariam a receber pacotes, em solidariedade aos colegas judeus. A ameaça teve resultado e o aviso foi retirado. Menciona, também, as disputas ocorridas entre os prisioneiros poloneses e os prisioneiros judeus sobre o futuro regime do governo polonês após a derrota nazista, quando esta era iminente.

O interessante é que na barraca XII A comerciavalizava-se menos do que nas outras barracas. Comentava-se que nela era difícil comprar ou vender algo, enquanto que, na Polônia, o comércio era uma das principais ocupações dos judeus. Quando, um dia, alguém perguntou ao coronel Engelman a razão disso, ele respondeu, rindo:

– Os meus avós e os meus pais fizeram comércio o suficiente, e eu posso, afinal, descan-sar dos aborrecimentos que dão a troca, a compra ou a venda.

O único que não perdeu o tino de negociante foi o economista Stefan Askanas, de Varsóvia. Era uma pessoa alegre, sempre otimista e bem disposto. Seu irmão era um conhecido médico em Varsóvia. Logo depois da guerra, voltou para sua cidade, casou-se com uma moça católica, com a qual teve vários filhos. Foi designado pelo governo polonês comunista como representante das internacionalmente conhecidas Feiras da Cidade de Poznan. A nomeação pelo governo polonês comunista de judeus para altos postos governamentais deu-se porque havia, logo depois da guerra, grande falta da *intelligentsia* e de homens capazes de exercer essas tarefas.

O "Chuveiro Quente"

Stefan Askanas, junto com seu amigo Benjamin Herson, instalou no campo de Woldenberg, depois de muitos planos, um "genial" chuveiro quente, perto do banheiro da barraca XII A.

Esse chuveiro tornou-se famoso no campo inteiro, pois, apesar de primitivo, funcionava, enquanto que no banheiro da barraca faltava freqüentemente água. Separaram o chuveiro do resto da barraca através de um box, com cobertores presos nas vigas do teto. O chuveiro foi feito de uma lata de marmelada de dez litros, pendurada no teto. O fundo dela tinha pequenos furinhos, formando uma peneira. O fundo foi coberto com uma tampa, na qual foi preso um barbante que, puxado, destampava os furos e a água corria em fios finos, para fora.

Um chuveiro de água quente, individual, era o sonho de cada um dos prisioneiros, pois eles só podiam lavar-se com água fria (no mais rigoroso inverno). Tomavam chuveiro quente uma vez por mês, em grupos de cinqüenta ou mais, juntos. E, ao mesmo tempo, a roupa desse grupo entrava numa espécie de forno, onde ficava desinfetada e, de lá, saía amassada, enrugada e encolhida. Mesmo assim, a grande praga do campo continuava sendo os percevejos e as pulgas.

Para tomar um banho de chuveiro quente individual na instalação de Stefan-Benjamin, o indivíduo tinha de trazer um balde de água fria do poço, quando faltava no banheiro da barraca. O aquecimento da água era mais problemático, pois conseguir combustível, lenha ou *briquets* (um tipo de carvão feito de lenha e de pó de carvão de pedra), não era fácil. Mas para os dois ágeis sócios inventores, Benjamin Herson e Stefan Askanas, nada parecia impossível. Em troca de cigarros, compravam dos alemães o combustível e aqueciam a água. O horário do banho tinha de ser reservado com uns dias de antecedência, pois havia sempre uma fila. O chuveiro quente podia ser pago com dois Lagermarcos, com uma latinha de café solúvel ou com cigarros. Uma parte do dinheiro arrecadado dessa empresa era destinada à ajuda das viúvas e de órfãos (não-judeus) na Polônia. Esse chuveiro tornou-se o mais popular invento no campo de Woldenberg.

Havia, entre os prisioneiros, muitos homens de alto nível cultural, especialmente entre o grupo judaico. Com o tempo, começaram a organizar-se conferências de vários temas para ajudar a exercitar a memória e o raciocínio. A matéria mais importante tornou-se a História e, especialmente, a História Medieval. Havia, depois das apresentações, discussões e críticas, o que, por sua vez, trazia um pouco de ânimo para os homens entediados.

Apesar dos insistentes pedidos do representante dos oficiais, o *des Ältesten der Offiziere*, para que permitissem aos judeus apresentar trabalhos nas reuniões de prisioneiros, as autoridades alemãs o proibiram. Às vezes, seus nomes eram colocados nas listas de conferencistas, na tentativa de que passassem desapercebidos, mas os alemães riscavam-nos quase sempre. Contudo, embora fossem proibidos de dar conferências, escreviam os textos e os outros os liam ou apresentavam.

Havia na barraca XII A, a barraca judaica, homens de todos os ideais políticos: nacionalistas, sionistas, bundistas (Bund – partido socialista judaico) e comunistas, tanto entre os judeus como entre os católicos ou evangélicos (como já foi mencionado anteriormente, havia apenas oitenta prisioneiros judeus, e como uma barraca comportava 150 pessoas, o número foi completado com mais setenta prisioneiros de outras religiões). Esse contraste dentro do grupo provocava freqüentemente conflitos e discussões, mas nunca brigas sérias.

A diferença entre os membros dessa barraca evidenciava-se mais no banheiro. Pois, por falta de outro espaço físico, o banheiro era transformado e usado para cerimônias religiosas.

Durante as festas religiosas judaicas, como o *Iom Kipur* – dia do grande jejum, ou a Páscoa, o banheiro transformava-se numa sinagoga, como as que havia num pequeno lugarejo polonês (um *shtetel*). As paredes forradas com cobertores, as velas acesas e os fiéis cobertos com xales, com os rituais *talesim*, de listas pretas e brancas, isolavam-se dos outros por longas horas e rezavam fervorosamente, implorando em hebraico ao onipotente Adonai que tirasse a ira de seu "povo eleito".

Durante a semana, quase todas as noites e nos domingos, no mesmo banheiro, reuníam-se os católicos, membros da fraternidade Rosa Cruz, e os fervorosos religiosos neófitas. Assim, vários cultos religiosos conviveram em completa harmonia durante todos os anos de cativeiro. Aos religiosos não incomodava o diferente modo de rezar; afinal, rezavam para o mesmo onipotente e dirigiam-lhe, mais ou menos, as mesmas preces.

Um dia, na barraca XII A aconteceu um episódio muito original: apareceu, no campo, um jovem cabo da Wehrmacht que estava de licença ou de férias da frente de batalha e, bêbado, queria conhecer a "curiosa" barraca judaica – *die Judenbaracke*. Na entrada da barraca encontrou o coronel judeu N e perguntou:

– *Jude*?
– *Nie* (Não) – respondeu o coronel em polonês – *Polski oficer* (oficial polonês).
– *Jude*?!! – gritou mais alto o cabo alemão.
– *Nie, polski oficer*! – foi a resposta.

Aí, o cabo bêbado tirou, com raiva, um punhal e o encostou nas costelas do prisioneiro. O caso parecia sério e nele não havia nenhuma brincadeira. Por sorte, estava por perto um sargento alemão lúcido, um pouco mais velho, que levou embora o bêbado e, assim, a história acabou bem, sem derramamento de sangue. O episódio, no entanto, teve uma repercussão imediata, e por muitos dias foi material de discussões e debates.

Alguns oficiais judeus da barraca XII A achavam que o coronel N esquivara-se de admitir seu judaísmo, enquanto os nacionalistas poloneses, os anti-semitas de outras barracas, acharam que a posição de coronel N fora um *Szmonces* judaico (algo ridículo, sem valor) e, com desdém e desprezo, imitando o jargão judaico, diziam:

— *Ai vey mir, polski oficer, Berek Joselewicz, cecece*! (oh, imagine só, um oficial polonês *Berek Joselewicz*![10]

Esse não foi o primeiro episódio com fundo anti-semita.

---

10. Um herói judeu que lutou no exército polonês pela libertação da Polônia e ganhou, por sua bravura, a mais alta distinção militar: a Cruz *Virtutis Militaris*.

Os Colegas Fascistas e os Tolerantes

Durante os cinco anos de existência do gueto no Offlag (campo de prisioneiros) os fascistas poloneses da OZN (Obuz Zjednoczenia Narodowego – Campo de Unidade Nacional) faziam tudo para aprofundar e evidenciar a diferença entre poloneses e judeus, seguindo a linha da *Abwehrabteilung*.

Aconteceu até que, durante o levante de judeus e a liquidação do gueto de Varsóvia, quando sobre a Barraca XII A estava constantemente presente a nuvem negra da infelicidade por causa das tristes notícias, os homens da OZN distribuíram no campo panfletos, instigando os prisioneiros a boicotarem a barraca judaica. Mas as maliciosas tentativas anti-semitas, embora tivessem apoio da *Abwehrabteilung* alemã, não conseguiram transformar o gueto do Offlag num gueto real.

Tudo o que na Polônia e no ambiente do exército polonês anterior à guerra era ruim, fascista e contra qualquer renovação e progresso, piorou ainda mais. No campo de Woldenberg essa atmosfera tornou-se mais carregada. No isolado mundo do campo, o fascismo parecia encher-se cada vez mais de sucos podres, e lembrava uma estragada lata de conservas que poderia explodir, num choque com os de pensamento mais progressista. O fascismo de Woldenberg, representado pelo grupo de organização da Endencja/Sanacja, embora a ela também pertencessem os representantes do campo, por sorte, formava uma minoria. Pois a massa, a maioria esmagadora dos coronéis, subcoronéis da reserva, composta de professores, médicos, engenheiros, advogados, artistas e executivos de todos os níveis, opunha-se ao fascismo que os arrancou de suas vidas normais e os aprisionou por detrás do arame farpado do campo. Mas o Offlag II C de Woldenberg tinha a justa fama de campo fascista.

Apesar disso, durante todos os anos de cativeiro, entre a barraca XII A e o resto do campo houve um relacionamento de coleguismo normal. Havia até a divisão do conteúdo dos pacotes de outras barracas com os da barraca XII A, para aqueles que não recebiam pacotes. Como exemplo de que nem todos eram anti-semitas, vale citar um episódio que se deu no ano de 1943.

O oficial Józef Kuropieska recebeu de sua mulher uma carta, e nela, uma foto sua e de seus dois filhos. Na mesma foto havia também dois outros meninos estranhos, entre sete e oito anos de idade. Na carta seguinte, a mulher lhe escreveu que mostrasse a foto ao coronel Salomão Bloch da barraca XII A, a barraca judaica. O coronel Kuropieska dirigiu-se à barraca XII A e encontrou Salomão Bloch, um reservista do

25º batalhão de artilharia leve. Uma pessoa muito agradável e gentil. O homem alegrou-se muito com as fotos. Os dois meninos eram seus sobrinhos, dois filhos do irmão de sua mulher. Na mesma ocasião, o coronel Bloch contou que a esposa e seus dois filhos haviam estado no gueto de Varsóvia e que, deles, já não tinha notícias havia mais de seis meses. A conversa teve lugar logo após a revolta de judeus do gueto de Varsóvia e de sua bárbara liquidação em chamas, pelos alemães.

Os dois tornaram-se amigos e József Kuropieska passou a visitar Salomão Bloch. Numa dessas visitas, Bloch contou que sua família provinha da cidade de Kalisz, onde os judeus radicaram-se havia mais de setecentos anos. Famoso foi o estatuto de Kalisz, que o rei polonês Boleslaw Wstidliwy deu aos judeus. Com esse estatuto, concedeu-lhes muitos privilégios. Os judeus de Kalisz tiveram sobrenomes poloneses, mas, lá, também não faltavam anti-semitas, e freqüentemente, por pirraça, alguns encarregados de dar sobrenome aos judeus inventavam nomes ridículos como *Moszek Ksiazkadonabozenstwa*, que quer dizer *Moszek* "Livro para Rezas".

Os oficiais judeus da reserva de Kalisz eram respeitados e benquistos pelos colegas do campo. Havia alguns de Kalisz na barraca judaica. Entre outros, o coronel Habermann, que perdera uma perna na guerra e, depois dela, recebera do governo polonês, em reconhecimento, a Cruz *Virtutis Militaris*. O coronel Salomão Bloch pertencia a uma família muito respeitada. Dizia-se até que seu avô era um conhecido rabino em Kalisz. A família empobrecera, mas tivera grande reconhecimento entre os patrícios.

Salomão casara-se com a filha de um bem situado industrial de nome Flakowicz. Junto com seu sogro dirigia uma fábrica de cortinas. Em 1932, o velho Flakowicz decidira emigrar para Israel (naquele tempo, Palestina) e deixara a fábrica a seu genro Salomão e a seu filho surdo-mudo. Na Palestina, ocupara-se com a plantação de laranjas e construíra uma grande casa em Tel-Aviv. As plantações de laranja davam-lhe bastante lucro, o que lhe permitia viajar para Vichy ou outros *spas*, na Europa. Na primavera de 1939, o senhor Flakowicz pedira a seu genro Salomão e a seu filho que lhe mandassem para Vichy todos os netos, pois queria levá-los para a Palestina, achando que a guerra entre a Alemanha e a Polônia era inevitável. Mas, nem o genro nem a filha e o filho queriam abandonar a Polônia, e negaram-se a ouvir as previsões do velho Flakowicz.

A guerra estourou e Salomão foi levado como prisioneiro de guerra. A última notícia que recebera no campo foi de que a mulher e os filhos fugiram de Kalisz para Varsóvia, onde permaneciam no gueto. Depois do levante dos judeus do gueto, as notícias pararam de chegar. Salomão não tinha mais esperanças e estava convencido de que a mulher e os filhos haviam sido mortos. Aquela foto representava a única notícia que Salomão tinha dos sobrinhos, graças à esposa do colega de campo. Passado certo tempo, a mesma mulher mandou outro retrato, e nele apareceu só um sobrinho. Chamavam-no Ignas, nome não-judeu. Ignas dizia na carta que seus pais e o irmão estavam vivos. Mas nunca mencionou onde viviam.

Na mesma barraca judaica encontrava-se um colega de Salomão Bloch, o coronel Josef Kowalski, filho de um judeu, rico industrial têxtil de Kalisz. Kowalski fora um excelente engenheiro têxtil. Formara-se em Meluza, na Alsácia, e fizera estágio em conhecidas fábricas têxteis, em Chemnitz, Alemanha. Conseguira esse estágio graças a um interessante contrato que seu pai fizera, muitos anos antes, com uma firma têxtil alemã, em Chemnitz. As fábricas têxteis possuíam seus segredos na produção e era quase impossível que admitissem um estagiário estranho em seus empreendimentos. O pai, sabendo disso e sendo um bom cliente da firma têxtil alemã, fez com eles um trato original: como sua esposa esperava uma criança, prometeram-lhe que, se nascesse um filho, ele poderia fazer estágio na fábrica deles.

As condições e o contrato foram feitos oficialmente pelo cartório, e quando Josef acabara os estudos, fora aceito como estagiário em Chemnitz. A era nazista estava no início e Josef encontrara algumas dificuldades por parte dos mestres, que o evitavam e davam-lhe poucas informações. Por sorte, o mestre a quem ele se submetia como estagiário sofrera um acidente e Josef conseguira salvá-lo de desagradáveis seqüelas. O mestre, em gratidão, não tivera mais segredos para com Josef e ensinara-lhe tudo o que havia necessidade de se saber na fabricação de tecidos. Josef falava muito bem o francês, o polonês, o alemão e o inglês. Além disso, possuía um raro dom de comunicação com as pessoas, mesmo as estranhas. Também no campo era ele quem recebia dos guardas alemães o comunicado diário das notícias, em troca de dois cigarros americanos. Josef Kowalski também conseguia mandar pelos alemães pacotes de café para a Polônia, sem que fossem controlados.

Os alemães jovens, que executavam serviço de guardas do campo, junto com os mais velhos reservistas, vinham da Europa em guerra e demonstravam especial interesse pela barraca XII A. Iam lá sob qualquer pretexto, para observar como vegetavam os oficiais judeus. Esse quadro parecia-lhes incrível, em contraste com a caçada aos judeus que se fazia ou se via na Polônia ou em outros países sob ocupação alemã. Ali, no campo, embora não estivessem livres, viviam uma imitação de vida; recebendo correspondência, pacotes e comida. Será, comentavam, que os prisioneiros judeus davam-se conta disso? Se soubessem como eram privilegiados, talvez não sofressem de depressão.

O Cartão do Primo de Benjamin e as Notícias da Cidade de Vilna

O primeiro inverno no campo foi muito rigoroso para os prisioneiros. Sofriam de frio, de fome e com as tristes notícias que vinham sobre as vitórias alemãs. Depois de meses de rigoroso inverno, chegou afinal a primavera. Os dias ficaram um pouco mais compridos, o sol perfurava as nuvens mais freqüentemente, e renascia a esperança de sobrevivência.

Um dia, Benjamin recebeu de seu primo, de mesmo nome e sobrenome, a resposta ao cartão com uma fotografia que tinha sido mandada para Varsóvia. No cartão com as sete linhas permitidas, o primo comunicava-lhe seu novo endereço na Itália. Ambos eram quase da mesma idade e passaram juntos toda a infância e a juventude. Esse primo era filho dos tios que emigraram para os Estados Unidos, via Vilna, Japão, e com quem o pai de Benjamin viajara também. Na cidade de Vilna, no entanto, no extremo norte da Polônia, o pai de Benjamin decidira não prosseguir[11].

Segundo o pacto de não-agressão assinado entre Ribentrop e Molotow em Moscou, no dia 23 de agosto de 1939, os países Bálticos, como Finlândia, Estônia, Litva e Lituânia, incluindo a cidade de Vilna, ficariam sob domínio russo.

Uma semana depois da assinatura desse pacto, em 1º de setembro de 1939, os alemães invadiram a Polônia e começou a Segunda Guerra Mundial. No dia 19 de setembro, os russos ocuparam a cidade de Vilna e, no fim de setembro, a Polônia inteira foi ocupada e dividida entre os alemães e os russos.

Nessa época, provavelmente, os tios Helenka e Henio e o pai de Benjamin, Menek Herszsohn, alcançaram a cidade de Vilna.

Como já se mencionou, a mãe de Benjamin, Roma Herszsohn e sua irmã solteira, Marysia, ficaram em Lodz com seu avô, aguardando notícias de Benjamin do campo de prisioneiros. Naquele tempo ainda não havia sido formado o gueto em Litzmannstadt.

Os judeus de Vilna estavam felizes por terem escapado da ocupação alemã, e com alegria receberam os invasores russos. Isso também favoreceu a decisão do pai de Benjamin de permanecer em Vilna. Logo começaram a afluir para Vilna muitos outros fugitivos da Polônia ocupada pelos alemães.

Os russos concederam à Lituânia o domínio da cidade de Vilna em troca de várias concessões, entre outras, de estacionamento do exército russo na Lituânia.

---

11. Entre junho e julho de 1940, Benjamin mandou do campo, para seu primo na Itália, duas fotografias suas, para que ficasse provado que estava vivo. Recebeu-as de volta do primo no Brasil, no ano 1947.

Essa é uma das fotos que Benjamin mandou do Campo ao seu primo, que conseguiu fugir da Polônia para a Itália. Era a prova de que ainda estava vivo. Recebeu-a de volta do primo no Brasil, no ano de 1947.

Nessa segunda foto, com um grupo de colegas do Campo, Benjamin está de pé, do lado extremo esquerdo. Foi mandada um dia depois de seu aniversário, em 4 de julho de 1940. Também ela, Benjamin recebeu de volta do primo, no Brasil.

O dia da posse da cidade de Vilna pelos lituanos foi marcado por assaltos a judeus e roubo de seus bens. Ninguém esperava esse surto de violência. Houve várias versões explicando o acontecido. A tensão era geral. As filas para comprar pão e a alta de preços dos suprimentos tinham que ser justificadas. E o bode expiatório, como sempre ao longo da História, foi o povo judeu.

O representante dos judeus em Vilna, dr. Wygodzki, pediu ajuda aos dirigentes lituanos, e quando isso não deu resultado, dirigiu-se à guarnição do exército russo e os tanques russos acalmaram os ânimos dos assaltantes. Os judeus de Vilna chegaram à conclusão de que não poderiam confiar na palavra das autoridades lituanas e decidiram organizar sua própria autodefesa, exigindo das autoridades o cumprimento da promessa de resguardar a ordem.

Os lituanos, durante os oito meses de seu domínio, mostraram sua face fascista. Nessa época muitos judeus foram mortos. Por sorte, os russos decidiram ocupar a Lituânia, acusando os lituanos de compactuar com a Estônia e Latvia, contra a União Soviética. Os russos impuseram aos lituanos um ultimato, exigindo que elegessem um governo favorável à União Soviética e que um maior contingente do exército russo ficasse na Lituânia.

No dia 15 de junho de 1940, sem aguardar a resposta a seu ultimato, o exército russo invadiu a Lituânia, e o presidente fascista A. Smetana e seus ministros fugiram para a Alemanha.

Somente alguns dias depois foi instalado o novo governo lituano, encabeçado pelo dirigente comunista Justus Paleckis. Todas as organizações políticas foram proibidas e apenas o Partido Comunista foi legalizado.

Nos primeiros tempos da ocupação russa houve intensa atividade de organizações judaicas, que mantinham contato constante com comunidades em Israel (naquele tempo, Palestina), com comunidades na Polônia sob ocupação alemã e com outros centros judaicos da Europa. Aproximadamente 1.400 *chalucim*, membros de organizações sionistas, foram para Vilna para dirigir e colaborar na fuga dos judeus sob a ocupação alemã. Entre eles, vieram dirigentes das organizações, como dr. M. Kleinbaum, dr. Z. Warhaftig, (da Mizrachi), A. Bialopolski, (da Hapoel-hazion), Menachim Begin, (comandante da organização Betar na Polônia), S. Millman (um dos representantes da Bund). Grande foi o papel da organização *Joint*, que formou um comitê de ajuda aos refugiados que alcançaram Vilna. Os judeus locais e os de toda a Lituânia foram os primeiros a oferecer ajuda. Foram instaladas cozinhas com distribuição de sopas, foram feitas doações de roupas e iniciaram-se cursos de treinamento profissional. Em contato constante entre si, as organizações conseguiram cerca de quatrocentas *permits* – licenças, para emigração para a Palestina via Latvia, Suécia, Holanda e Itália. Por volta de 150 pessoas conseguiram vistos para os Estados Unidos. Entre eles, é de supor, estiveram os tios de Benjamin, Helena e Henry Herszsohn[12].

As cartas da mãe de Benjamin dos dias 31 de março e 13 de maio de 1941 foram escritas do *Litzmannstadt-Ghetto*, com a permissão do Representante dos Judeus do gueto pe-

---

12. A mãe de Benjamin tentou contactá-los por meio de cartas para Kobo, no Japão. Mas, provavelmente, eles conseguiram embarcar para os EUA com relativa rapidez. As cartas acabaram sendo enviadas para lá, pela Comunidade Judaica de Kobo. As duas cartas aqui incluídas, traduzidas do alemão, foram guardadas pela tia Helenka e entregues ao sobrinho Benjamin por ocasião da visita dele a Chicago, no ano de 1963.

rante os alemães, *Der Aelteste der Juden in Litzmannstadt*, Chaim Rumkowski, como se vê pelo carimbo no topo esquerdo das cartas, aliás, um carimbo raro, difícil de se encontrar hoje em dia. O endereço da remetente é Königsbergstraße 48/15b, e não mais a rua Piotrkowska, onde a mãe de Benjamin morava antes da guerra.

Como se pode ver pela anotação na carta, a Comunidade Judaica em Kobo no Japão soube do paradeiro dos emigrantes, e a carta seguiu para os Estados Unidos.

Para compreender melhor a carta tornam-se necessárias algumas explicações sobre quem eram as pessoas às quais se refere Roma Herszsohn:

Dos dois irmãos, Henio (Henrique) e Menek (Mendel) Herszsohn, Henio era o mais velho e casado com Helenka. Os dois tiveram dois filhos: Julek (Julian) e Benio (Benjamin).

Julian formara-se em Oftalmologia na França, no início da guerra, e não voltara mais para a Polônia. Benio (Benjamin), advogado de profissão, conseguira, depois de desvinculado do exército polonês, permanecer por certo tempo em Varsóvia e, de lá, viajara para a Itália. Em 1941 conseguira no Vaticano um visto para a América do Norte. Lá, trabalhara numa firma que negociava pedras semi-preciosas com o Brasil. Como representante dessa empresa, viera para o Brasil e encantara-se com o Rio de Janeiro (onde mora ainda hoje). Naturalizou-se brasileiro logo que pôde.

O irmão mais novo, Menek (Mendel), era casado com Roma e com ela tivera um único filho, também (Benio) Benjamin, advogado de profissão e protagonista deste livro, que fora prisioneiro de guerra dos alemães durante cinco anos e meio.

Os Kon eram amigos muito queridos dos dois casais, com quem se correspondiam freqüentemente.

Carta original de Roma Herszsohn, enviada de Litzmannstadt, em 31 de março de 1941, que a tia Helenka entregou ao seu sobrinho, Benjamin Herson, no ano de 1963, quando ele a visitou em Chicago.

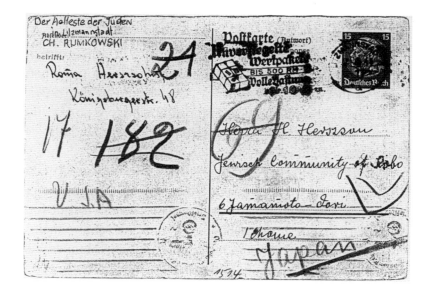

"Queridos Helenka e Henio,
Li o cartão que vocês escreveram para os Kon. Estou muito contente de saber que a viagem foi boa e que estão bem. Ficaria muito feliz se escrevessem logo para mim. Agradeço sensibilizada o pacote que me mandaram de Vilna. Assim que o recebi, escrevi, mas, infelizmente, a carta não os alcançou mais. Depois da partida de vocês, Menek se sente muito só. Peço muito que escrevam para ele freqüentemente, pois as suas cartas lhe dão bastante ânimo. Me arrependo muito que a esposa não mora junto com ele. Sinto que se eles morassem juntos, o casal estaria com vocês (*tentativa de camuflar o sentido*). De meu filho tenho boas notícias. Afinal soube que Julek está com sua esposa, o que me alegra deveras. O que vocês sabem sobre o seu Benio? Querida Helenka, todas as suas coisas estão com Rita. Talvez você devesse escrever para ela. O endereço dela, seu Benio sabe. Estamos bem de saúde. A Marysia trabalha e falamos freqüentemente de vocês. Fiquem felizes, pois logo estarão ao lado de seus próximos. Desejo-lhes Boas Festas e tudo de melhor. Vou ficar muito contente quando receber uma resposta. Continuem de boa saúde. Abraços e beijos carinhosos. Sua Roma.
Quando escreverem para Julek e Benio, dêem a eles nossas lembranças. Os melhores votos da Marysia."

Roma, nas cartas, tentava falar aos cunhados sobre seu arrependimento por não tê-los acompanhado e ao marido. Ela tinha certeza de que se tivesse ido com eles, estariam todos juntos nos EUA. Essa sentença ela sublinhou.

Julian, o filho mais velho de Helenka e Henio, encontrara em Paris sua mulher Isabel, e ambos conseguiram partir para os Estados Unidos, onde Julian revalidara seu diploma e praticara a Oftalmologia por muitos anos em Chicago.

Rita era uma polonesa não-judia, executiva havia muitos anos da loja de artefatos de couro que Helenka e Henio possuíam em Lodz. Antes da guerra, fora a mais bonita loja de bolsas e malas de couro, situada na principal rua da cidade de Lodz. Helenka trazia de Paris os últimos modelos de bolsas femininas.

Rita apoderara-se de tudo e parara de comunicar-se com os legítimos donos, depois que eles partiram, o que não foi um caso único do que aconteceu com os bens judaicos, naquele tempo, na Polônia.

Durante os meses de maio e abril de 1940, o Consulado da Dinamarca começou a emitir vistos para Curaçau e Suriname. Para chegar lá, era preciso ter visto de trânsito pelo Japão. Muitos dos refugiados judeus conseguiram tais vistos, mas antes que pudessem ser usados, a Lituânia perdeu sua independência e tornou-se uma república soviética. Depois que os russos a ocuparam, alegaram que a Lituânia pactuara com os outros países bálticos contra a União Soviética. Exigiram a eleição de um novo governo a favor da União Soviética e unidades militares soviéticas ocuparam a Lituânia, sem aviso prévio.

O processo de sovietização deu-se imediatamente. Iniciou-se a nacionalização de bancos, de prédios particulares e todas as terras tornaram-se propriedade do governo. Todos os

Carta escrita por Roma Herszsohn, mãe de Benjamin, à seus cunhados, no dia 13 de maio de 1941.

"Queridos Helenka e Henio,

Na realidade, já escrevi duas vezes para vocês, sem ter recebido resposta. Escrevo novamente, porque sei bem como é agradável receber notícias dos próximos quando se está no estrangeiro. Li as cartas que escreveram aos Kon e estou muito feliz de saber, meus queridos, que estão bem. Espero que vão logo ver a Bronia (*irmã de Helenka, que morava em Chicago*). É mesmo verdade que Julek e a sua mulher querem emigrar para lá? De seu Benio, como soube, receberam boas notícias, o que me alegra muito. Do meu filho, tenho recebido boas cartas. Também recebo cartas de Menek freqüentemente. Ele trabalha, mas sofre muito de solidão. Eu os peço, meus queridos, que escrevam para ele assim que puderem. Suas cartas levantarão o ânimo dele. Ele manda com freqüência pacotes para Benio, no Campo e, de vez em quando, também para mim. Ele gostaria de mandar mais, mas os seus ganhos não são suficientes, o que ele lastima muito e seu também. No que se refere a Rita, nem eu e nem Adelka, a conhecemos (*Adelka era funcionária da loja*). Estamos bem de saúde. O tempo passa e continuamos na esperança de rever os nossos queridos. No mesmo apartamento, com vocês mora Jasinowski. O irmão dela, está junto com meu Benio. Encontramos freqüentemente os pais e a irmã dele, que me parecem muito simpáticos. Uma notícia de vocês me proporcionaria grande alegria. Fiquem com saúde. Beijos e abraços da Roma.

Carinhosos beijos e abraços da Marysia."

empreendimentos que possuíam mais de dez empregados passaram a ser públicos. Todas as escolas foram submetidas ao Ministério da Educação e foram proibidas de ensinar a religião. Por outro lado, surgiu um teatro judaico em Vilna e o jornal, em ídiche, *Vilner Emes* (Verdade de Vilna). Todas as fábricas, indústrias, lojas, grandes prédios, residências, foram estatizados. Isso afetou duramente a população judaica. Os pequenos empreendimentos, que não foram confiscados e estatizados, não conseguiram sobreviver à competição com os estabelecimentos do Estado.

A maioria dos artesãos cujos estabelecimentos foram confiscados podiam empregar-se nos estabelecimentos estatatais, e o governo comprometia-se a fornecer a matéria-prima. Os profissionais liberais tinham de procurar emprego nos estabelecimentos governamentais.

Os trabalhadores foram os menos prejudicados com a mudança do sistema, pois podiam continuar nos seus empregos anteriores e, em alguns casos, foram até promovidos. Judeus foram admitidos em posições governamentais que, no passado, durante o governo polonês ou lituano, lhes foram negadas. Muitos foram empregados na polícia, nos partidos e no governo.

As organizações sionistas passaram para a clandestinidade, em grupos pequenos. Organizaram pequenas chácaras, onde praticaram o cultivo da terra, preparando-se para a vida no futuro *kibutz*. Isso foi benquisto pelos soviéticos, pois as chácaras lembravam os *kolchoses* soviéticos. Foram essas pequenas chácaras que serviram como centros de encontros clandestinos e locais de atividades preparatórias para a emigração para a Palestina. Desde o início da ocupação soviética, a organização sionista Betar, dirigida por Menachim Begin (depois, primeiro ministro de Israel) treinava seus membros no manejo de armas.

Os que queriam emigrar (e eram muitos) ficaram surpresos com a repentina ordem soviética de fechar todas as missões estrangeiras no território da Lituânia. Durante os poucos dias anteriores a essa ordem, milhares de judeus conseguiram vistos para a Palestina do Consulado Britânico, outros para Curaçau e Suriname do Consulado Holandês, e permissões de trânsito pelo Japão, do Consulado Japonês. Muitos que possuíam vistos ficavam retidos e dependiam ainda de permissão do escritório de emigração soviético.

Muitos que haviam se oposto algum dia ao regime comunista, ou os fugitivos da alemanha nazista, eram deportados em massa para a Sibéria, Cazaquistão e Geórgia. O número dos deportados chegou a trinta mil e, entre eles, encontravam-se cinco a seis mil judeus, a maioria deles da Polônia.

A Ocupação Alemã da Cidade de Vilna

Em junho de 1941, os alemães romperam o pacto de não-agressão com a Rússia e, sem aviso prévio, ocuparam a cidade de Vilna. Era domingo, lá pelo meio-dia, quando começou o intenso bombardeio alemão da cidade. O pânico da população foi indescritível. Ela ficou mais desesperada ainda quando as autoridades soviéticas começaram a abandonar a cidade.

A maioria queria fugir dos alemães e os trens logo ficaram lotados. Cerca de três mil judeus conseguiram fugir, enquanto outros sessenta mil decidiram ficar. Talvez, se soubessem do destino que os aguardava, tivessem procurado uma outra alternativa.

Mas, iriam para onde?! Ao norte, tinham o mar Báltico e, em torno deles, só alemães. Os que possuíam algum conhecido na administração soviética fugiam junto com ele para a Rússia.

Foi inacreditável ver, ainda de manhã, como em apenas algumas horas o gigantesco e todo-poderoso exército russo desmoronou completamente.

Os invasores alemães foram recebidos pelos lituanos com muita fanfarra, apesar das constantes desavenças de antes da guerra.

Durante a sovietização da Lituânia haviam-se formado grupos anti-soviéticos. Os alemães encorajavam e apoiavam esses grupos. Usavam uma sigla: L.A.F. (Lituanian Activis Front). Propagavam instigações anti-judaicas. Os lituanos, embora fossem minoria da população da cidade de Vilna, eram bem organizados e possuíam meios e forças para dominar a administração da cidade na hora da ocupação alemã. O Comitê da L.A.F. era encabeçado por S. Zakevicius, e foi ele mesmo quem assumiu o controle da cidade e de seus arredores.

Os lituanos organizaram-se de modo que, quando os alemães entrassem, encontrassem a administração autônoma da cidade em mãos lituanas.

No início, os alemães toleraram e até aceitaram a autoridade lituana na co-administração. Apesar de tudo, os lituanos não se sentiram muito seguros em Vilna, porque não formavam a maioria dos habitantes da cidade. Na época, entre as duas Grandes Guerras, a cidade de Vilna pertencia à Polônia e a maioria da população era polonesa. A igreja foi um ponto importante na discórdia entre os lituanos e os poloneses. Os lituanos instigavam os alemães contra os poloneses, e essa tensão persistiu até a chegada de uma ordem expressa de Berlim, emitida por Reinhard Heidrich, que ordenava, claramente, que as atividades dos *einsatzgruppen* (grupos de atividade alemães) deviam ser dirigidas contra os comunistas e judeus, e que a inteligência polonesa devia ser deixada em paz, por enquanto.

Durante a curta época da administração conjunta alemã-lituana não houve execuções em massa, nem *pogroms* (assaltos) em Vilna. Houve execuções em outras cidades como Kovno. Em Vilna, apenas molestações e perseguições.

No entanto, há evidências de que algumas dezenas de judeus e de soldados soviéticos tenham sido executados nos jardins da Igreja Franciscana. Os lituanos odiavam os poloneses e humilhavam-nos como podiam. Prenderam-nos com judeus, para mostrar aos alemães que também os consideravam inimigos deles. A população judaica e polonesa foi tão humilhada e maltratada que desejava a chegada da administração alemã, para pôr fim ao anárquico reino dos cruéis lituanos.

O extermínio sistemático de judeus em Vilna começou com o fim da administração conjunta alemã-lituana e a chegada da *Einsatzkommando* e suas atividades. A polícia lituana ficou subordinada à *Einsatzkommando* alemã. Os escritórios lituanos ficaram proibidos de emitir ordens.

O novo estatuto alemão permitiu aos poloneses, lituanos e bielo-russos lecionar nas escolas em seus idiomas. Os poloneses obtiveram a permissão de ter um jornal em língua polonesa.

Os alemães planejavam subjugar a Lituânia, Estônia e Latvia ao Terceiro Reich e prepará-los para a extensiva colonização alemã.

As diretivas de policiamento dos países bálticos foram elaboradas por Alfred Rosenberg. O documento, com data de 8 de maio de 1941, dizia que os comissários gerais da Estônia, Latva e Lituânia prepariam medidas para que esses países se tornassem protetorato alemão e, assim, no futuro, fosse possível anexá-los ao Terceiro Reich germânico.

Planejavam que os elementos favoráveis ao nazismo fossem assimilados, enquanto os indesejáveis seriam eliminados. O mar Báltico deveria tornar-se um lago interno, sob proteção da Grande Alemanha. Alguns dias antes que Rosenberg fosse oficialmente nomeado *Reichsminister* dos territórios do oriente europeu, ele assinou um acordo com os comandantes da Wehrmacht, no qual estes não reconheceriam nenhum governo ou exército nos territórios bálticos.

Os lituanos só esperavam que os alemães lhes concedessem um regime político independente. Acreditavam que, em recompensa pela luta contra os soviéticos e pela cumplicidade no assassinato dos judeus, o Reich alemão lhes concederia certa independência e o reconhecimento do seu governo provisório. Mesmo antes que pudessem esperar qualquer recompensa, foram cúmplices e colaboradores da Alemanha nazista, especialmente nas ações de policiamento e perseguição a judeus.

No entanto, tiveram uma grande surpresa, pois os alemães não lhes concederam independência e nem permitiram um Governo Provisório.

Os alemães ocuparam a cidade de Vilna no dia 24 de julho de 1941 até 13 de julho de 1944, quando a cidade foi liberada pelo exército russo.

Desde julho de 1941, várias restrições e decretos foram promulgados contra os judeus. Um exigia que os que habitavam o território ocupado, entre dezesseis e cinqüenta anos de idade, usassem uma fita branca nos dois braços, proibia que mudassem de residência e os obrigava a entregar os aparelhos de rádio. Também tinham que estar constantemente à disposição para vários trabalhos, entre outros, reparo e construção de estradas.

Pouco tempo depois veio uma nova ordem, exigindo que os judeus a partir de dez anos de idade usassem uma fita branca com a estrela amarela de Davi, no braço direito. A lei definia como judeu aquele que possuía avós paternos e maternos judeus, ou aqueles que pertenciam à fé judaica até 22 de junho de 1941. Depois, uma nova ordem obrigava os judeus a usarem uma rodela de pano amarelo nas costas e no peito. Foram proibidos de ficar na rua entre seis horas da tarde e seis horas da manhã. Apenas alguns dias depois, a nova ordem abolia a anterior e os judeus tiveram que usar um *armband* (fita no braço de dez centímetros de largura) branco e nele, uma estrela ou rodela amarela, com a letra j no centro.

Diariamente saíam novas ordens com restrições para judeus: não podiam andar nas ruas principais da cidade; não podiam comprar em certas lojas; não podiam usar lugares públicos, como parques, hospitais, teatros ou cinemas. Em todos esses lugares havia uma advertência: "proibida a entrada de judeus". Um judeu só podia ser medicado por um médico judeu. Os bens judaicos foram confiscados e, por isso, tentaram, freqüentemente, transferir a posse de bens para seus amigos não-judeus. Desde o início da ocupação alemã, os judeus foram simplesmente presos nas ruas ou em suas casas e levados para trabalhos e lugares desconhecidos, e raramente retornavam. Essas prisões eram executadas, em geral, pelos soldados da Wehrmacht e, na maioria dos casos, pelos lituanos.

Depois de certo tempo, os alemães exigiram que os judeus elegessem, entre si, representantes, o tal chamado *Judenrat*. Ninguém queria estar no *Judenrat* e a eleição foi difícil. Finalmente, ficou decidido que o eleito não poderia recusar.

Depois de ser estabelecido o *Judenrat*, ele tornava-se responsável pelo cumprimento das ordens dadas pelos alemães.

A população judaica iludia-se de que o *Judenrat* teria poderes de aliviar seus sofrimentos, mas o *Judenrat* tinha que obedecer às ordens e formar listas de deportados, e também ele não sabia para onde os transportados eram enviados.

Em junho de 1941, Heidrich informou o comando da *Einsatzgruppe* sobre a ordem de Hitler, de que seriam eles os executores da liquidação de judeus nas terras anteriormente ocupadas pelos soviéticos. Nada saiu por escrito, todas essas informações foram verbais, para preservar a discrição e para que nenhum documento permanecesse para futuras referências.

No começo, foram presos judeus homens, sem distinção de idade. Os judeus eram aprisionados nas ruas e levados para a mal-afamada prisão, chamada Lukiszki, ou eram enviados diretamente para a execução, em Ponar.

PONAR, O VALE DA MORTE

Ponar, situado a oito milhas ao sul de Vilna, na estrada que a ligava à cidade de Grodno, costumava ser, antes da guerra, um lugar de recreio, piqueniques e passeios. Os russos, na época da ocupação dessa área, cavaram fundas fossas para tanques de combustível. Os tanques variavam de tamanho e a terra tirada das fossas formava bancos de terra em torno, deixando somente entradas para elas. Essas fossas, planejadas para acumular gasolina, tornaram-se as covas comuns para milhares de judeus.

Tudo foi bem organizado e planejado. Os presos das ruas ou da prisão de Lukiszki eram levados para Ponar, em caminhões, até cem metros de distância das covas. Lá, eram obrigados a se despir e depositar todos os seus pertences. Em fila única, de mãos dadas, em número de vinte, aproximavam-se das covas, ficando na elevação de areia, e recebiam um tiro na nuca, caindo para dentro da cova. Se alguém se mexia, recebia mais um tiro. Os corpos eram cobertos com uma camada fina de terra. Enquanto isso, um outro grupo ficava preparado, despindo-se, depositando suas posses e, embora ouvisse os tiros, não podia ver para quem eram disparados. Geralmente, eram os lituanos que davam os tiros. Dessa maneira conseguiam matar quinhentos judeus por dia. Assim, do dia 4 até o dia 20 de julho de 1941, cinco mil judeus foram mortos.

O comandante Filbert, da *Einsatzgruppe* (o comando da morte), queria que todos os seus membros participassem do assassinato, para que todos fossem cúmplices do massacre. Para tanto, forjou um atentado, dizendo que das habitações de judeus foram dados tiros para o quartel alemão. Prendeu todos os judeus dos arredores e enfileirou-os como reféns. Todos os membros da *Einsatzgruppe* foram obrigados a disparar, no mínimo, dois tiros das próprias armas. Dessa maneira, Filbert obrigou-os a tornarem-se cúmplices do assassinato de judeus.

Devagar, começaram a chegar testemunhas dos acontecimentos em Ponar e os judeus começaram a construir esconderijos, que chamavam de *maline*. Havia buracos cavados nas adegas, paredes duplas, portas camufladas e áticos que serviam de *malines*, e alguns, graças a eles, conseguiram salvar-se.

A Carta do Pai de Benjamin

Depois dessa carta, Benjamin não teve mais notícias de seu pai. Preocupava-se muito, pois não recebeu confirmação da última remessa de dinheiro que mandara. Toda e qualquer notícia parou de chegar[13].

Supõe-se que o pai de Benjamin viveu até o ano de 1943, tendo passado por muitos horrores durante a ocupação alemã, quando escreveu a última carta pedindo ajuda ao filho. O car-

---

13. Na tentativa de descobrir o paradeiro de seu pai, Benjamin leu, depois da guerra, já no Brasil, o livro *Ghetto in Flames*, do dr. Itzhak Arad, (Isaak Rudnicki), que sobreviveu e descreveu o inferno da cidade de Vilna.
Dr. Itzhak Arad emigrou para a Palestina depois da guerra, onde fez parte do exército judaico clandestino, o *Palmach*. Depois, tornou-se general do Exército de Israel e, reformado, foi diretor do Yad Vashem (arquivo do Holocausto), em Jerusalém.

A carta de Menek Herszsohn, escrita para seu filho Benjamin, sob o nome fictício de Jósef Bohdziewicz. Essa foi a última carta que Benjamin recebeu do seu pai e que trouxe consigo, no bolso, para o Brasil.

O cartão-carta era composto de duas partes: um formulário impresso para a carta, mandado em branco, do Campo de Prisioneiros, e preenchida pelo remetente, e uma outra parte ficava dividida em 7 linhas, nas quais o parente ou amigo podia responder.

FRENTE:

(Alemão)	(Polonês)	(Português)
Kriegsgefangenenpost		correio de prisioneiro
(gebührenfrei)		de guerra (livre de taxa).
Antwort-Postcarte		cartão-resposta
An den Kriegsgefangenen		ao prisioneiro
Ppor. Bohdan Bobiatynsky		(nome)
Absender	Nadawca	remetente
Vor- und Zuname	Imie i nazwisko	nome e sobrenome
Ort	Miejscowosc	lugar
Straße	Ulica	rua
Kreis	Powiat	comarca
Gefangenennummer		Número de prisioneiro
Lagersbezeichnung		Nome e insígnias do campo

No carimbo, a cidade de Vilna, aparece em lituano: Vilnius

VERSO:

(em alemão) *Diese Seite ist für die Angehörigen des kriegsgefangenen bestimmt. Deutlich auf die Zeilen schreiben!*
 – Este lado é destinado para os parentes do prisioneiro. Escrever claramente nas linhas!

(em polonês) *Ta strona jest przesnaczona dla krewnych jenca wojennego. Pisac tylko olowkiem wyraznie i nad liniami!*
 – Escrever só com lápis claramente e sobre as linhas!

Tradução do texto, escrito originalmente em polonês:

24/8/43 Querido Sr. Bohdan (*nome ariano de um amigo polonês*) Li o seu cartão do dia 19 deste mês, com alegria. Com prazer soube que vai continuar me escrevendo. Graças a Deus, estou com saúde o que também lhe desejo de todo coração. Comunico-lhe que o marido da Roma está em grandes dificuldades materiais. Pediria que ajudasse em que for possível. Há tempo queria comunicar-lhe isso, mas não queria preocupá-lo. As mais cordiais recordações para a sua mãe envia, o dedicado Jósef.

tão-resposta que Benjamin lhe mandou, gentilmente cedido por seu colega não-judeu, foi o último.

A que ponto deve ter chegado o desesperado pai, já que pediu ao filho no campo de prisioneiros, "qualquer ajuda"?

Por sorte, Benjamin não soube, durante os anos que esteve no campo de prisioneiros, sobre os horrores pelos quais passaram seus pais. Um ou outro colega ouviu algo, mas ninguém queria acreditar. Cada um se preocupava com seus próximos, e tinha bastante motivos de preocupação.

Ninguém podia imaginar que o que estava acontecendo aos judeus fosse possível no século XX. Era possível crer que o mundo permitiria tamanhas barbaridades?!

Sabiam todos que nas barracas XI B e XV B havia anti-semitas poloneses, mas jamais poderiam supor que seres humanos fossem capazes de tais atrocidades.

A ARISTOCRACIA POLONESA
NAS BARRACAS XI B E XV B

Um exemplo de isolamento não imposto, mas de própria vontade, foi o dos membros das barracas XI B e XV B, chamadas barracas dos cavalheiros ou da aristocracia polonesa. Das duas, mais exclusiva ainda era a barraca XV B, onde, ao lado dos aristocratas de diferentes brasões, estavam os marinheiros, que ocupavam a metade dela. Lá viviam dezenas de oficiais da marinha polonesa, com os quais se ocupavam com especial carinho os colegas da Marinha Polonesa de Guerra, que viviam em liberdade na Inglaterra e mandavam para seus colegas prisioneiros de Woldenberg, todo mês, pacotes especiais, que continham uniformes militares, fumo e outros regalos. Por isso, os marinheiros estavam sempre bem vestidos e não usavam tamancos de madeira. Eles recebiam os valiosos pacotes uma vez por mês, enquanto os outros prisioneiros, nem uma vez por ano. Os marinheiros misturavam-se com os aristocratas da cavalaria da mesma barraca. A maioria era descendente de grandes proprietários de terras.

A base desse grupo era constituída de quatro príncipes e uns vinte condes de nomes históricos. Os coronéis e oficiais das barracas XI B e XV B pertenciam, desde muitas gerações, ao tradicional exército da cavalaria. Os nobres da cavalaria (a *Szlachta* polonesa, na maioria fascista) foram derrotados e levados, quase sem resistência, como prisioneiros alemães para o campo de Woldenberg. Essa foi para eles a pior de todas as derrotas, desde os tempos de seus mais antigos nobres ancestrais.

Antes da guerra, a inteligência polonesa, que conhecia a História, não imaginava que essas camadas da sociedade ainda existissem, e pensava que já pertenciam ao passado remoto, que não tinham mais influência alguma na vida política interna e externa do país.

No campo de prisioneiros, no entanto, em contato com eles, era preciso mudar de opinião, pois os ocupantes das barracas XI B e XV B representavam os donos da maior parte de terras agrícolas da Polônia. A eles pertenciam os enormes, imensuráveis campos, florestas, lagos, haras, castelos históricos, fábricas de produtos agrícolas, moinhos, fábricas de bebidas alcóolicas e engenhos de açúcar. Seus nomes figuravam nas presidências de sociedades anônimas de capitais estrangeiros aplicados nas importantes indústrias polonesas, na agricultura e na mineração. Os prisioneiros dessas barracas representavam a potência econômica que tivera influência decisiva na política da Polônia burguesa. Sua influência não consistia somente no poder econômico, mas também no esnobismo. No campo fechado, quase todas as camadas sociais eram influenciadas. Fossem os da inteligência, os oficiais mais velhos, os profissionais, os artistas, os advogados, os comerciantes e escriturários, todos gabavam-se de ter algum contato com os moradores das barracas XI B ou XV B. As fofocas sobre essas barracas eram muitas e tornaram-se um dos passatempos favoritos no campo.

Nessas barracas seguiam-se os mesmos rituais e cerimônias que havia nas recepções de suas suntuosas residências antes da guerra. Entre os beliches, sobre mesinhas de madeira compensada, aconteciam as recepções, seguindo, nos mínimos detalhes, o cerimonial dos jantares. Em algumas dessas ocasiões recebiam-se somente príncipes e condes que pertenciam à velha dinastia e que possuíam velhos brasões de família, de *Potocki's*. Durante as recepções, falava-se e discutiam-se problemas das genealogias das famílias nobres, assunto ligado à História da Polônia.

Especialmente chato era um dos "nobres" que enchia a paciência dos ouvintes contando a história da genealogia de sua família e de sua antigüidade. Contava, gabando-se, que alguns membros de sua família descendiam, em linha direta, da mulher de Piast-Rzepicha. Um colega, que tinha um nome também antigo, Popiel, interrompeu-o perguntando:

– Quem você pensa que era Rzepicha, importante *mecyje*; (em ídiche, importante pechincha). Simples filha da P. que o Piast comprou com o dinheiro da minha família Popiel.

Conversas desse tipo criavam histórias picantes, que eram contadas no campo.

Sem dúvida, os cavalheiros do grupo dos nobres exerciam influência também sociopolítica no campo. Organizaram duas agremiações: uma, Agremiação de Ética, e a outra, Agremiação de Agricultores. A da Ética ocupava-se com problemas socioeducativos e estudos de moral. De vez em quando, alguém dessas barracas dava um recital, também para membros das outras barracas, o que era considerado um grande evento.

A Agremiação de Agricultores tinha como membros possuidores de mais de mil hectares de terra, e propagava que o bem-estar da futura Polônia estava na união dos latifundiários. Eles também combatiam as idéias das agremiações socialistas e os estudos dos problemas de modernização da futura Polônia.

Sem dúvida, quem mais se destacou do grupo de cavaleiros foi o bem-apessoado e erudito coronel da cavalaria Kazimierz Morawski. Carismático, bom palestrante, simpático e culto, no entanto, não teve muita sorte em suas previsões políticas; no dia 21 de junho de 1941, fez uma aposta com outro coronel insistindo que não chegaria a haver guerra entre os alemães e os russos. Grande sensação provocou a prenda que o perdedor deveria pagar: aquele que perdesse a aposta teria que beijar o oponente no traseiro, pelado, perante todos os presentes. Sabe-se que a guerra entre a Rússia e a Alemanha estourou no dia seguinte.

O nome de Morawski era conhecido na Polônia já nos anos 1930, quando o coronel provocou um desastre de automóvel no qual morreu o primeiro ministro de assuntos estrangeiros da Polônia, o conde Alexander Skrzynski.

Alguns anos mais tarde, Kazimierz Morawski foi nomeado *attaché* de assuntos militares na embaixada polonesa em Berlim. Ocupou essa posição até o início da Segunda Guerra Mundial. De Berlim, o coronel Morawski trouxe uma fotografia de Reichsmarschal Göring, com uma cordial dedicatória pessoal a ele. Durante todo o tempo que Morawski ficou no Offlag de Woldenberg II C, essa fotografia fazia sensação, e ele a colou na tampa do lado interno de sua mala. Assim, cada vez que havia revista de pertences dos prisioneiros, a fotografia provocava admiração e constrangimento dos alemães de Wehrmacht, que abriam e revistavam a mala.

O coronel Morawski não participava das discussões políticas no campo e, por isso, o espanto de todos foi grande quando, um belo dia, ele foi transferido, de castigo, para um outro campo, sem que alguém chegasse a saber algo sobre seu paradeiro. Só depois da guerra soube-se que ele fora transferido para o campo de prisioneiros de Grossborn, onde foi fuzilado por ter tido contatos com o general alemão Staufenberg, principal acusado do logrado atentado contra Hitler.

Deve-se ainda lembrar que a quase totalidade dos membros das duas barracas, da cavalaria e aristocracia, pertencia à chamada direita, e opunha-se a tudo que vinha da esquerda. Não seria, então, de se estranhar que nesse ambiente de direita surgisse uma "ovelha negra", o capitão Grankowski.

O capitão Grankowski, corajoso e temperamental, era um militar por profissão, condecorado por sua bravura com a Cruz *Virtutis Militaris*. Ligou-se muito cedo a uma das organizações progressistas e participou ativamente dos trabalhos no terreno do campo, não escondendo suas simpatias para com as reformas sociais e a Rússia socialista. Mas, depois que mostrou abertamente suas simpatias para com o regime comunista, seus colegas da cavalaria da barraca XI B começaram um rigoroso boicote. Pararam de falar com ele e, dentro de uma barraca com 150 pessoas, cheia de barulho e alvoroço, o capitão Grankowski passou a viver sozinho e isolado. Quem conheceu a vida de uma barraca sabe que um isolamento assim merecia não uma Cruz *Virtutis Militaris*, mas certamente uma Cruz *Virtutis Civilis*.

Outro episódio que caracterizava o ritual exagerado dos julgamentos de honra dos oficiais foi o caso do jovem coronel B. A sensibilidade para com o valor da honra de oficial cresceu a tal ponto que podia ser comparada com as questões de honra dos três mosqueteiros que se desenrolavam no livro de Alexandre Dumas.

Tendo como fundo uma trágica guerra mundial, onde milhares de pessoas sofriam e morriam, nessa gaiola de arame farpado seus problemas de honra tornavam-se ridículos e grotescos. No entanto, os acontecimentos aparentemente grotescos provocavam profundos dramas humanos.

Um drama assim era a questão de honra do coronel B. O jovem coronel, alto, jeitoso, loiro, com um lindo rosto rosado, ainda não gasto pelo excesso de trabalho mental de um intelectual, representava, com sua bela aparência, o exemplar de um cavalheiro de antes da guerra. Pertencia a essas exceções para quem os colegas previam um futuro brilhante, de chegar até a ser um general. Depois de uma luta perto de Wola Gólowska, o jovem foi feito prisioneiro de Offlag II C de Woldenberg. É dificil dizer se o coronel B possuía qualidades para se tornar um dia um general. Uma coisa, no entanto, era certa: para ser prisioneiro de guerra e passar fome, não servia mesmo. A constante pressão do arame farpado sobre os nervos jovens e a constante falta de calorias na alimentação levaram o jovem e belo rapaz à ruína física. Podia-se notar, durante os passeios matinais e vespertinos, durante a contagem, que o orgulhoso jovem cavalheiro decaía cada vez mais, e os passatempos tristes do campo e, principalmente, a fome, marcavam impiedosamente sua bela aparência. A fome, dizem, é um bom conselheiro do cozinheiro, mas pode ser um mal conselheiro em assuntos de honra. Sob a influência de extrema fome, o coronel B chegou a um ato pouco honroso: ficando um dia, durante a contagem de prisioneiros, sozinho na barraca, roubou de uma das prateleiras de um colega um cubinho de vinte gramas de margarina e o comeu.

Em circunstâncias normais, em qualquer barraca se encontraria alguma solução, mas o pobre colonel B estava na barraca dos cavalheiros aristocratas, onde os problemas de honra eram julgados com extremo rigor. O assunto chegou até o Fórum de Processos de Oficiais do Exército. O *Colegium* do Fórum, sob direção de um dos mais rigorosos oficiais de *Sanacja* (saneamento moral), um tal coronel St, depois de uma averiguação minuciosa do assunto condenou o coronel B à mais rigorosa pena: ele foi excluído do Corpo dos Oficiais. Se o coronel B não fosse tão jovem e inexperiente, entenderia que esse Fórum era provisório e que, com o fim da guerra, tudo poderia ser julgado diferente. Mas para o jovem coronel, que sonhava chegar um dia a ser general e não imaginava sua vida fora do exército, essa condenação significava o fim.

Na primeira noite depois da condenação, saiu da barraca e jogou-se sobre o arame farpado carregado de alta tensão. Para sua infelicidade, ou felicidade, naquela noite os sentinelas alemães não executaram com tiros o suicida, como sempre faziam nesses casos, mas alarmaram os colegas da barraca e o coronel B foi salvo.

Todo o campo comoveu-se muito com esse episódio, e mesmo os mais ferrenhos defensores da "honra de exército" admitiram que uma vida, mesmo nos momentos de "desprezo", devia pesar mais do que vinte gramas de margarina. Mas não acabou aí o processo de pobre coronel B.

Reuniu-se novamente o Fórum e o mesmo coronel St foi eleito representante do *Colegium* de julgamento. Mais uma vez o coronel B foi condenado a ser excluído do Corpo de Oficiais.

Depois da segunda condenação, começou-se a cuidar (que ironia!) para que o coronel B "não fizesse a si mesmo algo de mal". Mas, quando alguém quer mesmo abandonar a vida, é difícil impedir. E, umas duas ou três noites depois da condenação, o jovem coronel B, quando todos estavam dormindo, enforcou-se no banheiro da barraca. Mas, também dessa vez, o jovem corpo lutava contra a morte e, de madrugada, os colegas o salvaram.

O campo ferveu de emoção. Passaram-se dois anos no campo, viu-se muita violência, mas era difícil deixar, com premeditação, um pobre coitado matar-se por ter comido vinte gramas de margarina que não lhe pertenciam. O processo, no entanto, não chegou ao fim. Instituiu-se um novo Fórum de julgamento e, de novo, o coronel St foi eleito dirigente do Fórum e, de novo, condenou o coronel B a ser excluído do Corpo de Oficiais. A casta de cavalheiros teve força e, dessa vez, também ganhou na defesa da "honra".

Passaram-se apenas uns dias e o coronel B, então completamente desnorteado, entrou uma noite no banheiro e com a navalha cortou a própria garganta. Dessa vez, não houve como salvar-lhe a vida. A "casta de defensores da honra" teve um generoso gesto, quase na última hora, fazendo com que o coronel B fosse enterrado com honras de oficial do exército polonês. A "honra" de oficial polonês ficou salva.

Houve muitos outros problemas desse tipo, e um deles, certamente a mais rídicula e engraçada das histórias do Offlag II C, foi a ligada ao plantio de rabanetes e tomates. Também aqui tratou-se de "alto valor da honra", só que o problema nasceu bem por baixo, perto da terra.

Por muitas vezes, o representante dos prisioneiros dirigiu-se ao *Lagerkommando* (comandantes do campo) pedindo que permitisse aos prisioneiros plantar algo em pequenos canteiros. Por muitas vezes, esse pedido foi recusado. Por isso, maior ainda foi a alegria quando, um belo dia, essa permissão foi concedida e, ao longo dos muros de barraca XIII, criaram-se pequenos canteiros para o plantio.

Nem todos estavam interessados em possuir um canteiro. Alguns não sentiam nenhuma vontade de plantar, mas, com muito interesse, assistiam ao plantio dos outros e pode-se até afirmar que esses pequenos canteiros – a ocupação de plantar e a espera de frutos – salvaram muitos prisioneiros da loucura. Pois a loucura era uma das doenças que mais atingia os prisioneiros de guerra, no campo.

Os canteiros tornaram-se os lugares mais freqüentados. Lá faziam-se palpites e debates sobre o conhecimento de agricultura. Era também o único lugar no qual dos rostos dos prisioneiros sumia a expressão de tensão e tristeza, doença tão característica por detrás de arame farpado.

Os prisioneiros chamados de rancorosos, sovinas e desagradáveis, quando abaixavam-se sobre as delicadas folhinhas de um rabanete nascente, ou um arbusto de um recém-plantado tomate, iluminavam com a mais humana comoção seus cansados e acinzentados rostos.

Para o bom resultado do plantio, todos sabem, a terra exige adubo. Os principais e únicos fornecedores do precioso adubo, no campo, eram dois enormes cavalos de raça de Magdeburg, que todos os dias, pontualmente às sete horas da manhã, chegavam ao campo atrelados ao furgão que vinha buscar o conteúdo do poço do campo. Graças à boa organização do campo e ao rigor prussiano, deve-se constatar que os cavalos magdeburgueses deixavam no campo uma generosa porção de esterco, tão esperada pelos agricultores amadores!

Grandes turmas de prisioneiros armados com pazinhas e vassourinhas aguardavam, às sete horas da manhã, a chegada dos cavalos. Até fora organizada uma vigia especial e uma fila dos pretendentes ao "tesouro". Tudo corria – como comunicava o *Oberkommando der Wehrmacht – planmässig* (conforme o planejado).

Mas, um belo dia, de madrugada, o plano do esterco falhou. Por acaso, nessa madrugada, por razões inexplicáveis, o furgão que buscava o lixo do campo e esvaziava o poço chegou ao campo tão cedo que todos os "inscritos" para a fila de esterco estavam ainda dormindo, provavelmente sonhando com a "porção" que lhes caberia.

No vazio e enorme campo passeava somente um solitário madrugador que sofria de insônia, o major W. A ele coube confirmar ao mundo a veracidade do provérbio: "Deus ajuda a quem cedo madruga", em polonês: *"Kto rano wstaje temu pan Bóg daje"*. Perante os admirados e alegres olhos do madrugador solitário, desenrolou-se o ato da generosa produção do robusto cavalo de raça de Magdeburg. Com um grito vencedor, pulou o major W em direção ao inesperado tesouro. Mas, já perto dele, estremeceu e gemeu do fundo do coração. Que dramático momento de infeliz acaso! A um passo somente do Major estava um verdadeiro tesouro e ele não tinha consigo no que levá-lo! Pois a pazinha e a vassourinha haviam ficado em sua barraca de aristocratas, distante uns cem metros. O pobre senhor major ficou desesperado. Mas para que serve a mentalidade de um diplomata? E, numa repentina inspiração, o major tirou do bolso uma carteira e, dela, um bonito cartão de visitas litografado. Depois, com um gesto distinto, como se tivesse a sua frente uma bandeja de prata num hall de entrada de uma embaixada estrangeira, enfiou seu cartão de visitas no fumegante "tesouro".

Depois desse ato genial, o major correu para sua barraca, para buscar as "ferramentas" e, com elas, concluir sua obra.

Mas, quando, meio minuto depois, armado de pazinha e vassourinha, correu da barraca para o lugar onde deixara o fumegante "tesouro", gritou de desespero, pois viu, já de longe, que tinha um concorrente que se antecipara a ele. Um jovem coronel estava justamente acabando de varrer para sua pazinha o montinho do generoso cavalo.

— Senhor coronel — gritou o major —, não mexa! Isso é meu!

— Primeiramente, não é seu, mas do cavalo — respondeu calmamente o atrevido coronel.

— Sim... do cavalo — gemeu o major — mas... mas... mas, aí dentro está o meu cartão de visitas.

— Senhor major — respondeu o não acanhado coronel —, é difícil exigir de mim que levante esta merda para procurar nela cartões de visita de distintos oficiais.

O major voltou cabisbaixo para a barraca da elite dos oficiais de cavalaria. Desenvolveu-se, desse assunto "cavalesco", um processo, que deu o que falar ao longo de dois anos.

Como eram ridículos esses assuntos de honra de Woldenberg! A maioria dos prisioneiros que foi recrutada da reserva civil, ou os jovens recrutas, não sabiam, na vida civil de antes da guerra, dos costumes medievais da tal chamada "defesa da honra" de oficiais do exército. Depois, porém, que foram organizados os julgamentos de honra, a sensibilidade em relação à ofensa da honra chegou a tal ponto que procuraram ler de novo *Os Três Mosqueteiros*, de Alexandre Dumas, para compreender o valor que tiveram na época medieval.

As Ervas Medicinais, as Doenças no Campo e as Revistas

O campo de Woldenberg era deveras insalubre. As barracas sem teto propiciavam ventilação no verão, mas, no inverno, fazia muito frio. Com 1.100 a 1.200 calorias por dia, os prisioneiros perdiam a imunidade e sofriam de todo tipo de doenças. Mesmo com a chegada dos pacotes, a fome graçava o tempo todo. Os prisioneiros sofriam de úlceras de estômago e duodeno, de escorbuto, de anemia e apatia. A doença mais comum era a tuberculose, que na grande aglomeração das barracas propagava-se rapidamente. Havia muitas doenças de pele, e as pulgas e percevejos aumentavam ainda mais a coceira constante e as irritações de pele. Os alemães empreendiam, de vez em quando, desinfecções das barracas, mas não eram suficientes para acabar com as pragas dos insetos: pulgas, percevejos e piolhos.

Muito deprimentes para os prisioneiros eram os dias de revistas. Nelas, já de manhã cedo, durante a contagem dos prisioneiros, aparecia perto do portão uma coluna de revisores acompanhados de vários oficiais e suboficiais, executivos militares, todos acompanhados de guardas armados.

Essa visita provocava inquietação entre os prisioneiros. Ficavam todos ansiosos e curiosos em saber para qual barraca se dirigiria o bando de revisores. Aqueles que tinham consigo alguns papéis ou documentos proibidos tentavam escondê-los de alguma maneira. Os que tinham, na barraca, algo não permitido, procuravam salvá-lo. Ficava claro qual barraca seria revistada quando os guardas contornavam-na e seus ocupantes ficavam retidos na praça, depois da contagem terminada.

Uma revista simples era feita numa só barraca. Depois que acabava a contagem, a companhia que pertencia à dita barraca era levada para a frente dela e, lá, todos, independentemente do tempo, ficavam cercados por uma corrente de guardas e esperavam ser chamados um a um para a revista pessoal. Os guardas e os suboficiais alemães cuidavam que os cercados não se comunicassem com os prisioneiros de outras barracas e que não lhes passassem algo para ser escondido.

Depois da revista da barraca, cada um era chamado e levado para a frente de seu beliche e, lá, era minuciosamente examinado. Depois, sua cama era revistada, o armarinho que lhe pertencia, a mala ou malas, suas anotações, cadernos etc.

A precisão da revista dependia de cada revisor, de seu humor naquele dia e das instruções que havia recebido. Quando encontrava algo suspeito ou proibido, punha o objeto de lado e anotava onde e com quem o encontrara, para depois comunicar ao oficial dirigente daquela parte da barraca. Geralmente, trabalhavam na mesma barraca várias equipes de revisores. Os objetos geralmente confiscados eram navalhas, dinheiro polonês ou estrangeiro, ferramentas não registradas, latas de conservas fechadas e, no último ano de prisão, documentos pessoais, carteiras e documentos civis, documentos do exército e, sempre, qualquer peça do vestuário civil que fosse encontrada.

Raramente eram apreendidos objetos proibidos, porque seus donos aprenderam a escondê-los muito bem. Com o tempo e a guerra avançando, não mais tão favorável para os alemães, estes se tornavam menos ávidos para castigar os prisioneiros e, além disso, ficava cada vez mais fácil corrompê-los com um cigarro americano ou outros objetos muito escassos. Isso, claro, só podia ser feito sem o testemunho de outro alemão, porque só um alemão era a consciência de outro alemão.

Muitas vezes, os prisioneiros eram obrigados a esperar várias horas até chegar sua vez para a revista. Depois que acabavam de fazer a revista pessoal do prisioneiro, ele não tinha direito ainda de pôr no lugar os seus pertences, e era obrigado a aguardar até a barraca toda ser revistada. Não tendo onde se esconder, só lhe restava andar, perambulando pelo campo. Isso demorava bastante tempo, às vezes metade do dia, até a hora do almoço. No final, os revisores auscultavam o chão, as paredes e a terra em torno da barraca, à procura de escavações de túneis.

Formalmente, durante todo o tempo da revista estava presente na barraca um dirigente de uma campanha de prisioneiros, e era proibido revistar os pertences pessoais de alguém sem sua presença. Apesar disso, freqüentemente um revisor roubava algo dos prisioneiros. Teria sido interessante se alguém da Wehrmacht tivesse dado, um dia, uma olhada nos bolsos de revisores, o que nunca aconteceu. Essas revistas das barracas eram bastante freqüentes e nunca se sabia qual seria a barraca da vez.

De tempos em tempos, havia revistas grandes de batalhões ou até do campo inteiro. O aviso prévio para uma revista desse porte era o grande número de alemães que entrava pelo portão principal. Freqüentemente, para uma revista grande eram engajados também civis. Uma revista assim demorava o dia inteiro.

Uma vez, durante uma revista grande, foram cercados por guardas todos os batalhões de prisioneiros, separados todos os seus oficiais e levados, em coluna, sob escolta para o espaço de antecampo. Em sua ausência, foram revistados minuciosamente seus aposentos (separações nas barracas – boxes), o que demorou muitas horas, sem que os prisioneiros chegassem a saber o que os alemães estavam procurando. Depois de terminada a busca, de terem ficado horas no antecampo, os oficiais, cansados e esfomeados puderam retornar a suas barracas.

Nesse dia, nem o mísero almoço lhes foi servido. Por muito tempo debateram e discutiram, querendo saber o que a Wehrmacht de fato procurava. Chegaram à conclusão de que procuravam escavações subterrâneas, seguindo uma denúncia falsa, ou simplesmente o fizeram para chatear os prisioneiros.

Durante a revista de uma só barraca, a vida no campo seguia seu ritmo normal, e só os ocupantes da dita barraca eram incomodados e privados de cursos, palestras etc. Mas durante uma busca geral, a vida de todos ficava transtornada. Nesse dia não se distribuía correio nem pacotes, nem se falava de cursos, e até as refeições atrasavam ou sequer eram servidas. Dificilmente os alemães encontravam algo, pois os longos anos ensinaram os prisioneiros a procurar bons esconderijos e fazer sumir, durante a revista, o material proibido. Muitas vezes, as longas esperas na chuva e no frio provocavam resfriados, gripes e pneumonias, propiciando a propagação da tuberculose.

As grandes e demoradas buscas eram muito prejudiciais. Os organismos já debilitados não resistiam à mais terrível doença: a apatia.

Nesse estado, as más notícias de casa levavam à depressão, o que, muitas vezes, acabava em loucura ou suicídio. O medo de enlouquecer perseguia quase todos.

Os alemães quase não forneciam remédios, e os que chegavam nos pacotes ou da Cruz Vermelha não eram suficientes.

Pouca ajuda representavam as ervas medicinais produzidas no próprio campo. Com o plantio dessas ervas ocupou-se o major Jerzy Henneberg, que mesmo antes da guerra as produzia. Foi ele quem teve a iniciativa de pedir aos alemães que destinassem um pedaço de terra para o plantio dessas ervas. Junto com um grupo de outros entusiastas, organizou um curso original sobre ervas, no qual fazia palestras sobre a produção e a aplicação de ervas na cura de várias doenças.

As autoridades alemãs, depois de terem, no dia 16 de outubro, assistido a algumas palestras a respeito do valor das plantas medicinais, consentiram em formar um pequeno jardim dessas plantas perto da cozinha, e até destinaram um pequeno quartinho perto para o manejo das plantas, prometendo providenciar as ferramentas necessárias para o plantio.

As sementes chegavam da Polônia, da cidade de Pulawy, onde existia o Instituto de Ciências da Agricultura. Chegavam também sementes dos escritórios do Instituto de Ervas de Varsóvia. Uma certa quantidade de sementes veio da França e da América do Norte. Material didático e livros de instruções foram conseguidos por intermédio da Cruz Vermelha. O adubo químico veio em pacotes individuais, da Polônia, e se conseguia o natural, com dificuldades, no próprio local, como já vimos.

Conseguiu-se produzir 120 tipos de ervas medicinais e trinta para a apicultura. As plantas, depois de colhidas, eram selecionadas, limpas, secas, cortadas e moídas. Depois de moídas, eram feitas misturas e entregues à farmácia do campo. O major Henneberg treinou um grupo de interessados em plantas medicinais e, assim, depois de muitas palestras e aulas, conseguiu formar uns 125 especialistas em plantio, colheita e na teoria sobre o valor medicinal das plantas.

A administração alemã do campo também mostrou interesse pelo plantio de ervas: assistia às aulas, fazia anotações, copiava dos quadros todo o conteúdo: nome e valor medicinal de cada planta.

Quando, no ano 1942, uma comissão ítalo-alemã veio visitar o campo, deteve-se um bom tempo admirando a plantação de ervas. Importantes foram os livros sobre agricultura. O grupo de agricultores tornou-se o maior grupo de estudos e aprendizagem, pois havia no campo muitos latifundiários, donos de fazendas e pomares. A esse grupo pertenciam também os interessados na apicultura, na plantação e preservação de plantas medicinais e de plantas para atração de abelhas.

A criação de abelhas surgiu por acaso, quando um enxame apareceu no campo e foi apanhado pelo capitão Kese. Foram importados através da YMCA algumas casinhas para as colméias e surgiu um curso de apicultura.

As autoridades alemãs nunca chegaram a suspeitar que, embaixo das casinhas das abelhas, enterraram-se as poucas armas contrabandeadas, que serviriam para os fugitivos do campo. Esse esconderijo foi muito útil também para guardar coisas que não se queria que caíssem nas mãos de revisores. Nenhum deles se atreveria a procurar nada perto das abelhas.

O VESTUÁRIO E SEU ADMINISTRADOR, O *PARTEIGENOSSE KACZMAREK*

Nos primeiros meses do inverno de 1941, o frio foi impiedoso. Talvez tenha sido o mais triste e difícil inverno de todos para os prisioneiros de Woldenberg. Depois da capitulação da França perderam-se as esperanças do rápido fim da guerra. Da Polônia vinham notícias cada vez piores sobre o crescente terror nazista. O escritório do representante de prisioneiros ocupava-se da procura das famílias desaparecidas dos prisioneiros. O organizador dessa triste e difícil tarefa era o respeitado e admirado capitão Marian König. Ele possuía seus próprios meios de conseguir notícias, freqüentemente e sem que os próprios interessados o soubessem. Os resultados de seus trabalhos tornavam-se, muitas vezes, não só tristes, mas trágicos. Em algumas ocasiões, ao escritório do representante dos prisioneiros cabia a difícil tarefa de preparar o afetado para lhe dar uma triste notícia da família.

E os alemães iam para a frente, ocupando cada vez mais países, anunciando pelo rádio suas vitórias.

Os prisioneiros recebiam notícias não somente pelo rádio e pelos jornais, mas também por um meio mais direto, pessoal e dolorido: pelos uniformes dos soldados dos países conquistados trazidos para o campo. Esses uniformes eram armazenados num local dirigido por um *Parteigenosse Kaczmarek*; um pequeno e malicioso "gnomo" humano. Ele usava roupas civis e um chapéu típico de executivo alemão.

Era ele, esse estúpido homem, quem reinava no armazém dos uniformes de todas as procedências dos exércitos europeus.

Contava-se daquele *Kaczmarek* que fora, antes da guerra, um polonês que trabalhara como bedel de um ginásio, na cidade de Bydgoszcz, o que podia ser verdade, porque falava bem o polonês e odiava os prisioneiros poloneses, como somente um traidor podia odiar.

Era ele que, com malícia imensurável, chamava os prisioneiros das barracas para trocar-lhes os uniformes. Por necessidade, pelo desgaste provocado pelo tempo, por terem dormido com eles no chão de vagões ou barracas no início do cativeiro, os prisioneiros eram obrigados a trocar seus uniformes esfarrapados.

O triunfante *Parteigenosse Kaczmarek*, como exigia ser chamado, distribuía entre os prisioneiros os uniformes das últimas conquistas alemãs. Não poupava eloqüentes explicações, comentários maliciosos e venenosos sorrisos. Toda derrota dos países amigos era logo confirmada com a troca de uniformes desses países. Em cada nova chamada para o armazém de roupa e no desdenhoso riso de *Kaczmarek*, sentiam-se as vitórias alemãs. Tristes e difíceis eram essas trocas de uniformes. Em lugar de trapos rasgados, recebiam uniformes inteiros e novos, mas esses uniformes inteiros rasgavam de tristeza os corações dos prisioneiros.

Na primeira troca, foram-lhes apresentadas lindas blusas verde-escuras, de grosso pano quente. Esses eram os uniformes militares dos corajosos esquiadores noruegueses, atacados de surpresa pelos alemães, por mar e por ar. Depois, os uniformes tornaram-se multicoloridos e de variados modelos e cortes. Os prisioneiros mais velhos, oficiais da reserva, na maioria advogados, médicos e engenheiros, mostravam aos colegas, com certo acanhamento, uniformes azul-marinho com golas vermelhas da polícia da Dinamarca, ou uniformes cor de areia, dos executivos das alfândegas holandesas, ou, ainda, sofisticados uniformes dos guardas reais belgas. Ou outros, coloridos, de procendência desconhecida.

Depois da mistura de uniformes europeus, por muito tempo a "moda" de uniformes foi francesa.

No triste outono de 1940, quando a França já estava de joelhos, vencida pelos alemães, o eufórico e feliz *Kaczmarek* começou a distribuir os uniformes franceses. Havia lá todos os modelos possíveis; começando pelas comoventes blusas azuis dos combatentes de Verdun e acabando pelos elegantes uniformes verde-oliva, que desapontaram as esperanças de defesa da linha *Maginot*.

O armazém do *Kaczmarek* mostrou-se, na prática, o mais sofisticado meio de propaganda de Hitler nos campos de prisioneiros. Cada troca de uniformes no armazém do *Kaczmarek* convencia os prisioneiros, cada vez mais, da invencível força da Wehrmacht. Foram mais convincentes do que todas as notícias e comentários do jornal *Pommeranische Zeitung* (Jornal da Pomerânia).

A colorida mistura de uniformes introduziu na vida dos prisioneiros um caráter irracional e um aspecto grotesco, aumentando ainda mais o ambiente anormal que deprimia e atacava os nervos enfraquecidos.

Para acertar as medidas dos uniformes distribuídos pelo *Kaczmarek*, grandes ou largos demais, surgiram os trabalhos dos alfaiates amadores que os reformavam. Havia, também, alguns vaidosos, que tingiam os uniformes coloridos na cor dos uniformes poloneses. As alfaiatarias foram proibidas pelas autoridades alemãs, pois receavam que costurassem roupas civis que os ajudassem na fuga, o que de fato acontecia.

Outro grande problema era o calçado. Os alemães forneciam um calçado do tipo holandês, com solas de madeira e lona, que protegia um pouco do frio. Para preservar a temperatura, os prisioneiros enrolavam os pés com trapos e papel (que também era escasso). Esses tamancos, com os quais era difícil de andar, abrigavam do frio, mas eram desconfortáveis e, freqüentemente, provocavam torções dos pés. As botas, ou sapatos de couro de cada um, eram guardados para ocasiões especiais. Com a iniciativa do representante dos prisioneiros instalou-se uma oficina de consertos de vestuário e calçados, onde trabalhavam os prisioneiros, e com o tempo, uma sapataria dirigida por um oficial de nome Cichy, proveniente de uma conhecida família de sapateiros de Varsóvia. Ele encarregou-se de trazer, para esse fim, todos os instrumentos necessários da fina sapataria da Polônia e muitos oficiais alemães encomendavam-lhe, sigilosamente, botas e sapatos de couro.

EM DEFESA DA LOUCURA:
O ENSINO E A PROFISSIONALIZAÇÃO

De acordo com o artigo 17 da Convenção de Genebra, era permitido aos prisioneiros ocupação com trabalhos culturais, organização de cursos educacionais, instalação de bibliotecas, empresas artísticas e esportivas. No início, até meados da segunda metade de 1940, os prisioneiros não se ocuparam com muitos empreendimentos, iludidos com o breve fim da guerra. No entanto, a multidão de estranhos ao redor, o barulho, as diferenças de opiniões, assustavam os prisioneiros, que temiam perder o equilíbrio psíquico. Todos passaram por essa sensação. O meio mais simples de escapar desse ócio enlouquecedor, enervamento constante, ódios mútuos, esquisitices irritantes, era o suicídio ou a fuga do campo. Por isso, os mais sensíveis suicidavam-se e os mais jeitosos e persistentes cavavam, meses a fio, os túneis, ou inventavam tantos meios de fuga que a própria Wehrmacht empalidecia de admiração. Em conseqüência, poucos conseguiam escapar com vida daquele ambiente ou da doença psíquica. A maioria dos fugitivos morria pelas balas dos guardas.

Os restantes, que não tinham coragem ou dom para as soluções radicais, tentavam de outras maneiras reforçar o equilíbrio psíquico. Alguns escreviam versos, diários, tratados econômicos ou morais, pintavam quadros. Outros esculpiam bibelôs com ossos encontrados na lixeira da cozinha. Uns esculpiam quadros na madeira ou pintavam selos artísticos do correio do campo. Alguns representavam no teatro, tocavam vários instrumentos, cultivavam rabanetes ou tomates; outros, ainda, costuravam e faziam de velhos cobertores coletes ou luvas, ou bordavam. Alguns, especialmente os oficiais de carreira militar, faziam mapas estratégicos, copiados dos jornais *Pommerianische Zeitung* ou *Volkischer Beobachter*, dirigindo a guerra a seu modo.

Depois da capitulação da França, as esperanças dos velhos militares profissionais de poderem, um dia, participar no planejamento das guerras, tornou-se nula. Não se falava e nem se discutia a respeito, mas cada um, em seu íntimo, dava-se conta disso. Mas, provavelmente, ninguém abertamente o confessaria.

No entanto, quando começou a guerra entre alemães e russos, os projetos enterrados reapareceram e os velhos reservistas reanimaram-se, começando a projetar novas estratégias de guerra e organizando cursos de especialização militar. O mais ativo de todos os velhos reservistas nos cursos de treinamento militar foi o coronel diplomado Stanislaw Rola-Arciszewski, artilheiro de profissão e, no seu tempo, dirigente de artilharia montanhesa totalmente motorizada. Bem antes da guerra, o coronel Arciszewski fora treinado para tanquista e, com o início da guerra, dirigia o departamento de tanques no exército da cidade de Lodz.

Em 1942, organizou no campo de prisioneiros de Woldenberg um grupo de oficiais de todas as especialidades militares, que deveria, sob sua direção, criar um regimento de armas pesadas. Alguns foram especialmente treinados para a defesa de cidades, outros para a defesa do exército durante uma parada obrigatória etc. Além desse trabalho, o coronel Arciszewski distraía-se com um jogo de guerra que ele inventara e que lhe ocupava várias horas por dia. As manobras de seu jogo mostravam, no entanto, sinais de distúrbios mentais. Por exemplo: planejava a destruição de uma ponte e pedia absoluto sigilo do amigo, enquanto todos sabiam que essa ponte já fora destruída antes que os alemães invadissem a Polônia. Um amigo começou a se preocupar com a saúde psíquica de seu colega Arciszewski e dirigiu-se ao renomado psiquiatra dr. Stein pedindo opinião. Depois de duas semanas de observação, o dr. Stein declarou que o coronel Arciszewski estava, sem dúvida, doente, mas não representava perigo para os colegas nem para o ambiente. Dr. Stein disse que no campo havia uns trezentos doentes psíquicos e que somente alguns foram internados nos sanatórios alemães.

O meio mais popular de escapar da psicose do campo foi o auto-ensino. No campo, encontravam-se pessoas de todas as partes da Polônia, todos com interesses diversos e diferentes níveis de educação e cultura, o que os levou a educarem-se e elevarem o nível de conhecimento. No início, o auto-ensino sem orientação era caótico, mal organizado e trazia poucos resultados.

Com os meses passando e o outono quase no fim, os mais animados começaram a pensar como organizar as longas horas dos dias de inverno. O mais velho do campo, como era chamado o representante dos prisioneiros, decidiu organizar uma Comissão Cultural Educativa, a KKO – *Komisja Kultury Oswiatowej*. Essa comissão seria responsável perante os prisioneiros e as autoridades alemãs por todos os empreendimentos no campo.

A primeira inauguração do ano letivo do campo de Woldenberg, que depois transformar-se-ia na Universidade do Campo de Woldenberg, aconteceu no dia 3 de outubro de 1942. E a KKO desempenhava o papel de um Ministério da Educação. Essa comissão coordenava os trabalhos de quarenta departamentos de ensino e sete grupos esportivos. Tinha contato com a Cruz Vermelha Internacional, em Genebra. Providenciava os livros para as bibliotecas, que eram dirigidas com muita capacidade pelo capitão Tadeusz Makowski.

Havia uma biblioteca rica, que os alemães requisitaram do ministro polonês Rydz-Smigly. Também a editora alemã Langenscheidt mandava, em troca de dinheiro do campo, excelentes livros e dicionários para os autodidatas.

A comissão era composta de uma diretoria e um secretariado. Havia cinco repartições, com amplo e livre campo de atividades. A obrigação da diretoria dessa organização era a representação dos interesses dos prisioneiros perante as organizações visitantes, como a YMCA e a Cruz Vermelha. O vice-diretor era responsável pelo departamento esportivo, pela educação física, pelas bibliotecas, pelos artistas plásticos e pelo material para escrever e pintar. A comissão coordenava os horários das palestras, dos empreendimentos artísticos, das exposições, das pinturas e das artes plásticas.

Havia, também, um jornal do campo, o *Dziennik Obozowy* (Diário do Campo). Os membros da comissão e os representantes das ramificações de ensino reuníam-se semanalmente. Nessas reuniões, eram discutidos os resultados dos trabalhos executados e traçavam-se os planos de trabalhos para a semana vindoura. A comissão trabalhava o dia todo, desde o *Zählappell* matinal até o *Zählappell* noturno, com intervalo somente para almoço (que consistia de uma sopa rala de *Kohlrabi*). A Comissão estava sempre à disposição dos companheiros. Nesse notável empreendimento, destacaram-se Stanislaw Kwiatkowski, Wladyslaw Sikora, Adam Uziemblo, Jerzy Berkle, Felix Petruccini, Henryk Garbowski, Stanislaw Wisniewski, entre outros. Graças a eles e a seu sacrifício e trabalho exaustivo, conseguiram em tempo relativamente curto dominar e organizar a quase doentia vontade de estudar. Logo, graças a eles, o grande campo de quase loucos transformou-se numa Universidade de Prisioneiros de Guerra.

A aprendizagem começou pelo estudo de línguas estrangeiras. No início, em pequenos grupos, depois ampliados e transformados em diversos cursos profissionais. Havia cursos de História, de línguas, de Geografia, Matemática, até de canto e de Educação Física. No ano de 1943 existiam vinte cursos, e o número de alunos que chegou a se formar superou os quinhentos.

O mais sério era o curso do Instituto Pedagógico, com duração de dois anos. vinte e oito de seus formandos receberam diplomas elaborados no campo, muito bem-feitos, os quais, após a guerra, foram reconhecidos pelo Ministério da Educação do governo polonês.

Os arquitetos distinguiam-se nos trabalhos culturais. Além de serem em grande número e altamente qualificados nas suas profissões, participavam ativamente dos empreendimentos culturais, embora nem sempre, especialmente no início, tivessem algo a ver com a cultura. Escreviam versos, contos, desenhavam e contavam histórias.

No segundo e terceiro anos da guerra, retornaram a suas atividades profissionais de arquitetura, porque a maioria dos prisioneiros chegou à conclusão de que, depois da guerra, poderia construir suas próprias vilas, para suas famílias, e houve uma verdadeira avalanche de encomendas de projetos e planos para vilas, as mais luxuosas possíveis. Assim, pequenos executivos de antes da guerra, advogados, professores, médicos, profissionais do exército encomendavam plantas e projetos em troca de cigarros ou café e, na maioria das vezes, simplesmente por amizade.

Os arquitetos executavam os trabalhos com todo o esmero, contentes de poderem exercer sua profissão. Os projetos de vilas multiplicaram-se rapidamente. Depois de alguns meses, quando quase todos tinham "suas próprias vilas", a mania desapareceu por si mesma, mas os arquitetos descobriram que podiam trabalhar em sua área até no campo. Organizaram conferências, discussões e concursos para os melhores projetos de construção de cidades e aldeias. Havia exposições de maquetes de cooperativas de produção agrícola. Logo, as exposições tornaram-se uma verdadeira sensação e orgulho para os engenheiros, técnicos e arquitetos do campo.

Destacaram-se os nomes de Jan Knohte, Jerzy Hryniewiecki, Jan Golinski, Tadeusz Ptaszycki, Stanislaw Brukalski e Jerzy Staniszkis, até hoje conhecidos como reconstrutores de Varsóvia, da Nova Huta, do Estádio Esportivo e outras construções de grande porte na Polônia.

Enquanto todos encantavam-se com a exposição das maquetes da futura cooperativa agrícola, chegou de visita ao campo a delegação da Cruz Vermelha Internacional.

Seus representantes eram dois: um suíço alto e magro e um dinamarquês baixo e gordinho. As autoridades alemãs e os representantes dos prisioneiros mostraram-lhes tudo o que era digno de ser visto no campo, e não hesitaram, com todo o orgulho, de mostrar a exposição de maquetes das cooperativas. Durante a visita, aconteceu uma coisa inesperada: os visitantes – representantes de velhas democracias citadinas – viram nas maquetes algo que até aquele dia nem os alemães e nem o representante dos prisioneiros tinham percebido: para eles, as maquetes representavam *kolchozes* russos. E, quando se pronunciou a palavra *kolchozes*, todos ficaram vermelhos, irritados, nervosos e desapontados. Os delegados, de rostos vermelhos, nem tentaram esconder sua raiva, vendo que os prisioneiros, ajudados por pacotes da Cruz Vermelha, divertiram-se brincando de bolcheviques. A condenação da exposição foi decidida e liquidada rápida e sigilosamente, como que para esconder um pequeno escândalo em boa família.

Os que ficaram mais admirados com a virada da situação foram os próprios arquitetos. A maioria deles estava, naquele tempo, longe de qualquer envolvimento político. A única finalidade que viam em seus trabalhos era a melhoria de vida da gente das aldeias, e nem lhes ocorreu que podiam ser encarados como planejadores de *kolchozes* bolcheviques. O antagonismo e o medo do comunismo chegaram à paranóia.

Desde o início, fora decidido que os trabalhos teriam caráter apolítico. No entanto, com o passar do tempo, isso tornou-se impossível, o que exigiu muita cautela, sutileza e sigilo.

Os alemães, para agradar aos visitantes da Cruz Vermelha, cederam aos prisioneiros espaços especiais para as atividades culturais. Cada batalhão tinha uma sala para o recreio e era ali que os prisioneiros podiam se encontrar e trabalhar, estudar ou ler. Em cada sala cabiam entre 450 e quinhentas pessoas. Em cada uma dessas salas havia um quartinho separado, onde os membros poloneses da administração do dito batalhão podiam se reunir para discutir os problemas surgidos. Na sala do batalhão VI havia uma sala para o comandante alemão, o *Hauptman Prieve*. Nessa sala eram ouvidos e julgados os culpados de qualquer ato proibido.

Quando aumentou o afluxo de pacotes para os prisioneiros, uma parte das salas de recreio foi destinada para a segregação deles. Lá também fazia-se o controle e a distribuição dos pacotes. Uma das salas foi, com o tempo, destinada a ser capela para o campo.

Ampliaram-se as bibliotecas com livros doados pelos próprios prisioneiros, que os haviam trazido consigo para o campo ou recebido de fora.

Em todas as salas, durante os empreendimentos ou espetáculos, havia um sentinela alemão que entendia o polonês e controlava tudo o que era dito ou feito. Com o tempo, a comissão aprendeu o que as autoridades alemãs menos aprovavam nas palestras e aulas, e o plano era feito ao gosto deles. Somente quando era possível e a ocasião permitia falava-se sobre assuntos proibidos, até mesmo políticos. Raramente o sentinela faltava ou se ausentava por alguma razão, mas havia sempre material preparado para uma mudança de assunto, no caso de uma reaparição de surpresa. Esse sistema funcionou bem graças à grande disciplina dos dirigentes, e não houve surpresas desagradáveis.

As autoridades alemãs exigiam uma apresentação de planos de empreendimentos no campo com uma semana de antecedência, redigidos em alemão. Isso favorecia os prisioneiros, porque eles podiam planejar e dividir suas participações nos cursos diversificados.

No inverno, o planejamento sofria intervalos devido ao frio intenso. Nas salas mal aquecidas, ou totalmente sem aquecimento, os expoentes dos cursos tinham que trabalhar agasalhados em pesados casacos, com os pés enrolados em cobertores, e fazer anotações com dedos endurecidos de frio. No inverno, entre os anos de 1941 e 1942, o frio obrigou a interrupção das atividades por quase três meses. Durante o inverno de 1944, nos meses de janeiro e fevereiro, as atividades também tiveram de parar por causa de uma forte epidemia de gripe.

Freqüentemente, os cursos eram interrompidos por causa da revista aos pertences dos prisioneiros, que durava muitas horas, ou um *appell*, de castigo, que reunia todos os prisioneiros na praça do *Zählappell*.

Interessante foi o fato de que muitos militares profissionais entre os prisioneiros começaram a estudar uma nova profissão que poderia ser-lhes útil na vida civil, depois da guerra.

A Engenharia Civil foi o curso que obteve maior sucesso. Os prisioneiros deviam imaginar que o país, destruído pela guerra, teria que ser reconstruído. Tornou-se uma obsessão elaborar a planta de sua futura vila ou casa e, para tanto, muitos esperavam na fila para vê-la executada. E, como já foi dito, todos planejavam, dividiam o espaço previsto, ou imaginário. Entusiasmavam-se, pediam palpites, dicutiam e brigavam. Tudo era válido para ocupar as mentes dos prisioneiros.

Todos os cursos eram de alto gabarito, pois havia no campo excelentes profissionais. Mesmo os alemães ficavam admirados assistindo às conferências ou aos cursos quando viam um oficial mal-nutrido, tossindo constantemente, vestindo um casaco e com sapatos grandes demais para o seu tamanho, expondo com fervor e paixão sua palestra ou aula.

Havia a necessidade mínima de algum material para os cursos. No começo isso foi um grande problema, porque os alemães não forneceram, desde o ano de 1940, nem papel, nem cadernos, lápis ou tinta. Por muito tempo, os assistentes dos cursos foram obrigados a fazer suas anotações em embalagens de cigarros ou em margens de jornais. Também da Polônia era difícil conseguir algum material.

A Ajuda da Organização Internacional – a YMCA

No final de 1940, a Organização de Esporte Internacional, a YMCA, começou a endereçar ao representante dos prisioneiros do campo pacotes com cobertores, lençóis, pequenos travesseiros e material para escrever. Começaram a chegar delegações da YMCA ao campo, incentivando a prática de esportes entre os prisioneiros. Suas visitas, com o decorrer do tempo, tornaram-se mais freqüentes, o que animou muito os esportistas.

Somente no ano de 1941, quando os contatos com os representantes da YMCA estavam regularizados, o problema da falta de material amenizou-se. Começaram a chegar ao campo maiores quantidades de materiais diferentes para o ensino e o estudo cultural. Em 1941, a YMCA enviou para o Offlag II C vários pacotes de livros. Cada um deles continha entre quinhentos e seiscentos volumes. Eram livros de literatura, estudo e aprendizagem. Às vezes, o material vinha pelo correio, mas, em geral, o representante da YMCA trazia-o pessoalmente, e era a ele que a comissão apresentava as listas do material necessário. Entende-se que não foi possível suprir todas as necessidades dos prisioneiros do campo, porque a YMCA era obrigada a importar esse material de países neutros, na Europa. No entanto, no fim do ano de 1943 e início de 1944, graças à YMCA, o campo foi suprido suficientemente com material de escrever e outros objetos necessários para os empreendimentos culturais.

Por sorte, o campo de Woldenberg ficava sob o cuidado do delegado da YMCA, o pastor dinamarquês Christian Christiansen. Ele vinha ao campo a cada três meses, o que era uma verdadeira dádiva para o Offlag II C. Demonstrava para com os prisioneiros muita compaixão e compreensão, e fazia de tudo para trazer ao campo o que os prisioneiros precisassem para aliviar-lhes o sofrimento da prisão. Os prisioneiros, por sua vez, tinham muita gratidão e carinho, e presenteavam-no com suas obras de arte: esculturas em madeira, quadros, ou pequenas lembranças. Era também por intermédio dele que os prisioneiros tentavam mandar, sigilosamente, para fora do campo, notícias sobre a situação. A YMCA fornecia ao campo, além de material de papelaria, instrumentos musicais, calendários e bíblias de bolso na língua polonesa.

Com o tempo, acumularam-se cópias de trabalhos científicos e educativos, e os prisioneiros deram-se conta de que seria difícil preservá-los no campo. Então, surgiu a idéia de mandá-los para fora. Como se tratava de trabalhos científicos, as autoridades alemãs não se opuseram, e depois de rigorosa censura, deram permissão para mandá-los para fora. No começo, as cópias dos trabalhos ficariam na cidade de Zagan, onde ficava a central da YMCA, e depois seriam eventualmente mandados para Genebra.

Durante os bombardeios, no fim da guerra, todos os trabalhos em Zagan foram queimados e só restaram aqueles mandados para Genebra e, depois da guerra, devolvidos para a Polônia.

COMEÇO DOS CURSOS DE APRENDIZAGEM

Com material suficiente para o ensino, formaram-se grupos de arquitetos, matemáticos, químicos, geólogos, engenheiros de minas, engenheiros navais, engenheiros civis, técnicos de construção de estradas, de trens e suas linhas.

Além de estudos científicos, formaram-se cursos organizados de ensino de Ciências Humanas. O mais numeroso tornou-se, com o tempo, o grupo dos professores de Pedagogia, de diferentes níveis de ensino. Muito freqüentado foram, também, os cursos de História e Geografia. Formou-se o curso de farmacêuticos, médicos, veterinários, que só podiam ser teóricos, pois não havia animais no campo.

As bibliotecas tiveram muita importância. Além da YMCA, os livros chegavam da Polônia e de outros países em forma de presentes, e depois da censura alemã, ficaram à disposição dos prisioneiros. Até o fim da guerra, a biblioteca de Woldenberg chegou a ter trinta mil volumes. Havia uma biblioteca na parte oriental e outra na parte ocidental do campo. Na oriental havia livros de Letras e na ocidental de Ciência.

Com o tempo, organizou-se um empreendimento de reencapamento dos livros. Graças à iniciativa do coronel Kazimierz Pasternak, os livros, gastos com o tempo, foram reencapados com pedaços de panos de velhos uniformes, e as páginas faltantes copiadas à mão e dobradas em seu interior. Para tanto, uns vinte voluntários ofereceram-se, trabalhando várias horas por dia, com falta de ferramentas e material precário, improvisando, colando, costurando e pintando os livros.

No início, os alemães não se interessavam muito em fiscalizar os livros. Com o tempo, porém, fiscais apareciam, de surpresa, falando fluentemente o polonês, com uma lista de títulos de livros. Mandavam alguns soldados rasos levá-los para a *Kommandatur* – direção do campo. Só conseguiram isso no início, quando os bibliotecários foram pegos de surpresa. Depois, sempre que a censura pedia algum livro, ou ele não se encontrava nas prateleiras, ou estava com algum leitor, ou estava gasto pelo tempo e riscado do catálogo. Os soldados que levavam os livros confiscados às vezes os traziam de volta, mas com os títulos trocados, faltando as primeiras páginas com o título verdadeiro do livro.

Muitos cursos tiveram caráter oficial, com provas, exames e diplomas finais. É interessante notar, como já vimos, que os diplomas do campo foram reconhecidos depois da guerra pelo Ministério da Educação polonês.

Como nos tempos normais, o início do curso tinha muitos interessados e, com o passar do tempo, esse número diminuía.

As razões para isso eram várias: às vezes um prisioneiro se inscrevia em muitos cursos, no início, e a falta de tempo não lhe permitia acompanhar a todos. Outras vezes, perdia o entusiasmo ou o interesse. Os cursos, geralmente, eram gratuitos: alguns exigiam uma remuneração mínima para cobrir as despesas com as propinas para os sentinelas corruptos, e podiam ser pagos com cigarros ou café solúvel. Das línguas, a que tinha o maior sucesso era o inglês, cujo curso era dirigido pelo coronel Adamowski. O de francês era dirigido pelo coronel Ludwik Karnkowski. Com os cursos, nasciam diferentes idéias e inventos.

O primeiro curso organizado no campo foi o de alemão, dirigido pelo coronel Stefan Springer. O conhecimento de alemão tornou-se imprescindível para a leitura de novas ordens, quase diárias, para a leitura do jornal que os alemães distribuíam e era importante também para aqueles que planejavam a fuga. As autoridades incentivaram, no início, a aprendizagem do alemão e forneciam dicionários, livros didáticos e de literatura. Mas, quando se organizou o curso de língua alemã, os alemães, de repente, mudaram de idéia e o proibiram. O curso de língua russa era dirigido pelo coronel Waclaw Szalewicz. Mas, no ano de 1941, quando Hitler rompeu o pacto de não-agressão e invadiu a Rússia, também esse curso foi proibido. Mas os livros foram escondidos e os cursos prosseguiam clandestinamente. Se, durante uma revista, fosse encontrado com alguém um livro russo, o dono do livro era preso dentro do campo. O transgressor ficava isolado, em condições muito precárias.

Surgiram aulas de História, Arquitetura e Economia. Poder-se-ia dizer que o campo de Woldenberg tornou-se uma grande universidade de ensino múltiplo.

Também estudava-se o espanhol no campo, mas era um curso pouco freqüentado. Estudavam o espanhol só aqueles que pretendiam, um dia, visitar ou emigrar para a América Latina. O coronel Benjamin Herson estudou arduamente o espanhol, o que lhe foi muito útil quando emigrou, no ano de 1947, para o Brasil.

Havia muitos que gostavam de fazer, no seu canto, miniaturas artísticas de osso, couro, palha ou lã. Outros consertavam óculos, molduras de vários tipos. Alguns tornaram-se relojoeiros, outros derretiam cera e faziam velas artísticas. Surgiram maquetes artísticas de igrejas, casas e escolas.

Havia, no campo, vários poetas e escritores que conseguiam, nas barracas aglomeradas, cheias de fumo e barulho, isolar suas mentes e escrever lindos versos ou até livros, que foram, depois da guerra, publicados na Polônia.

Durante os longos cinco anos, em condições precárias, graças à incrível força de vontade humana, o Offlag II C do campo de Woldenberg tornou-se a maior universidade polonesa durante a Segunda Guerra Mundial.

Muitos prisioneiros de Woldenberg ocuparam, na Polônia socialista depois da guerra, vários ministérios e altos cargos. O grupo de arquitetos do campo reconstruiu uma grande parte de Varsóvia e outras cidades do país.

Nem todos os prisioneiros participavam das aulas ou cursos gerais. Muitos preferiam estudar e pesquisar sozinhos, isolando-se num canto da mesa da sala de estudos, quando não havia aula, ou deitados em suas camas. Acreditavam que, sozinhos, aproveitavam e absorviam melhor o estudo. Tomavam notas fazendo diários, escreviam versos, traduziam livros de outros idiomas. Para esses, a KKO, quando não havia mais tanta falta de material, entregava também papel, cadernos e lápis.

Os prisioneiros de profissões liberais preferiam trabalhar em seu ofício. Havia alfaiates, sapateiros, artistas que faziam de escovas de dentes a anéis. Havia pintores e escultores que tentavam, com seus trabalhos, amenizar as longas horas de prisão.

Destacaram-se os artistas plásticos que, com seu talento extraordinário, faziam lindos selos para o correio, que ainda hoje são procurados e admirados pelos filatelistas no mundo inteiro.

O correio de Offlag II C funcionava muito bem, embora o número de prisioneiros fosse maior do que o de habitantes de muitas cidades pequenas da Polônia. O correio era pontual, confiável e, na medida do possível, eficiente. Apesar da falta de material, os artistas desenhavam bonitos cartões de Natal, de congratulações para aniversários e outras ocasiões. Em geral, faziam tudo para colorir e embelezar um pouco o cinzento aspecto dos objetos no campo. Foram eles que transformaram as salas horríveis em ambientes coloridos improvisados. Dos pincéis, canetas e penas saíam quadros, esculturas, decorações teatrais e lindos diplomas para as formaturas.

Destacou-se na escultura: Stanislaw Horno-Poplawski; na pintura: Edmund Czarnecki, Janusz Lonicki e Stanislaw Zukowski; na arte gráfica: Marian Stepien e Stefan Michalski. Nos trabalhos plásticos, trabalharam com muito empenho três talentosos arquitetos: Jerzy Hryniewiecki, Jan Knohte, Jerzy Staniszkis e o incansável letrista e pintor de placas, Bronislaw Nowicki.

Um dos maiores empreendimentos nessa área no campo foi a decoração da casa de café. Decoraram as paredes com lindas idéias, tornando o ambiente acolhedor, lembrando um pouco uma casa de café de Varsóvia. O café era a única bebida que estimulava a energia mental e era muito apreciado na monótona vida do campo. Por isso, tomar café em companhia de amigos tornou-se um cerimonial especial. Para tomar café acompanhado não era tão simples. Um trazia a água fervente, o outro o café solúvel e o terceiro o açúcar. Tudo isso conseguido, os três sentavam-se para saborear o tão almejado café. Mas os alemães, por razões inexplicáveis, hesitaram em dar uma permissão oficial para abrir uma casa de café para os prisioneiros. Entrementes, na esperança de conseguir essa permissão, os "feiticeiros" plásticos deram às paredes úmidas e arranhadas de um velho armazém, pinturas e efeitos coloridos; puseram nas mesinhas flores artificiais que fabricaram sozinhos. O café era servido numa bandeja, tocava a música suave da orquestra de Stanislaw Gajdeczka. Além disso, Henryk Rostworowski cantava músicas líricas. Com um pouco de imaginação, podia-se até pensar que se estava num café de Varsóvia.

Muitos prisioneiros escreviam diários, poemas e livros. Com o tempo, já em meados de 1942, surgiu uma nova necessidade a ser suprida. Para o secretariado da KKO começaram a afluir pedidos para se copiar trabalhos científicos, resultados de pesquisas, traduções ou poesias. Isso foi resolvido com a criação de um curso de datilografia. Logo, 25 jovens oficiais aprenderam a escrever à máquina e todos os trabalhos foram copiados. Os alemães não mostraram especial interesse em censurar, ou mesmo olhar esses trabalhos, e muitas cópias ficavam nas prateleiras até acabarem. Eram censurados e carimbados somente trabalhos mandados para fora do campo.

O Teatro e a Arte

A depressão dos prisioneiros aumentava quando chegavam os dias curtos do inverno e a *Abwehrabteilung* (departamento de defesa) mandava fechar, já às quatro horas da tarde, as venezianas e as portas das abafadas e superlotadas barracas. Tudo, acrescido de fome e frio, deprimia até os maiores otimistas, provocando loucura e suicídio de alguns.

Um pequeno grupo admirável, dos moralmente mais fortes, com uma energia incrível, decidiu fazer algo para salvar os colegas da depressão e da loucura. Eles, mesmo esgotados como todos os outros pela fome e enfraquecimento dos nervos, conseguiram levar adiante um plano de acender uma pequena chama de arte no campo e, com ela, despertar certo interesse e participação dos outros prisioneiros, a fim de ajudá-los a sobreviver ao triste cativeiro e animar sete mil prisioneiros poloneses.

    Nasceu a idéia de criar um teatro. Surgiram muitos voluntários para trabalhar como artistas. Havia alguns artistas de renome, conhecidos na Polônia antes da Guerra, como Jan Koecher, Janusz Ziejewski, Slawomir Lindner, Wlodzimierz Sawka e outros.

    Tudo começou na barraca XII A, a barraca judaica. A idéia de poder participar, ver e apreciar o teatro revigorou a energia dos prisioneiros. Ao mesmo tempo que despertava a curiosidade, a vontade de participar, de representar, tornou-se o melhor e mais eficiente remédio para as almas atormentadas.

    A parte financeira foi muito mais fácil de resolver do que se poderia esperar. O *Lagerkommando*, que aguardava para qualquer dia a próxima visita da Cruz Vermelha Internacional, consentiu inesperadamente que a antiga cozinha, que não era mais usada, fosse empregada para a realização do teatro.

    Os arquitetos e excelentes artistas plásticos, que não faltavam no campo, prepararam os cenários. Era importante encontrar um lugar para o palco. Mas esse problema foi resolvido e o palco foi construído no velho armazém, próximo à cozinha.

    Um grupo de oficiais destacou-se nas iniciativas e nos talentos teatrais. Foram eles: Jan Boguslawski, Andrzej Nowicki, Adam Lande, Jan Lande, Henryk Rostworowski, Kazimierz Rudzki, Jerzy Staniszkis, Bogdan Neumann e muitos outros. Havia, entre eles, poetas, escritores, pianistas, arquitetos e regentes teatrais, que encontraram no campo uma oportunidade de expôr seus talentos. Um grupo de construtores empenhou-se, com todo o fervor, na construção do teatro. Um deles, Leszek Sztajnduchert, engenheiro da indústria pesada, ficou responsável pela parte técnica da construção. Ficou encarregado de buscar, todos os dias de manhã, as ferramentas necessárias no armazém alemão. Além disso, era também ele quem as devolvia todas as noites, no fim dos trabalhos. Um grupo de eletricistas ocupou-se com a parte da iluminação e efeitos luminosos. Os músicos prepararam os instrumentos e o repertório das músicas que seriam cantadas e tocadas acompanhando os textos.

Entre os poetas escritores, Edward Fischer era o mais jovem de Offlag II C. Provinha de uma família de camponeses da pequena cidade dos arredores de Poznan, perto da fronteira alemã. Escreveu um belo poema – "Zielona Konstytueja" (A Constituição Verde), no qual expressou, com muita sensibilidade, toda a nostalgia e saudade dos prisioneiros. No ano de 1941, o mesmo coronel Edward Fischer compôs uma canção que os prisioneiros cantavam e com a qual abriam sempre as peças teatrais que seriam apresentadas. Vou apresentá-la, em polonês, e tentar traduzi-la:

Pulk wyruszyl w pole	A Campanha saiu para o campo
Zaplakala Ania	E Ania chorou
Bosmy coraz dalej	Porque fomos cada vez mais longe
Stali od Poznania	Da cidade de Poznan.
Dlugie byly marsze	Longas foram as marchas
krutkie wojowanie	Curto o guerrear
Z dalekiej kwatery	Do distante quartel
pocieszalem Anie	Eu animava Ania.
A dziewcze serce	E o coração da moça
Jeszcze nie ucichlo	Ainda não se acalmou
Bo ciagle ja pisze	Porque eu continuo escrevendo
Ze powroce rychlo	Que voltarei logo.
Aniu, Aniu, wyjdz przed sien	Ó, Ania, Ania vá para a frente da casa
Wojsko wróci lada dzien	O exército voltará qualquer dia
I we dwoje, znów pod rece	E aos pares, de mãos dadas
Pójdzie mundur przy sukience	Passeará o uniforme junto ao vestido.

Stoimy w odwodach   Estamos na retaguarda
juz dwa lata prawie   Há quase dois anos
Dziewczyna z Poznania   A moça de Poznan
Poszla ku Warszwie   Foi para Varsóvia.

A dziewczece serce   E o coração da moça
Jeszcze nie ucichlo   Ainda não se calou
Bo ciagle ja pisze   Porque eu continuo escrevendo
Ze powroce rychlo   Que voltarei logo.

Wezmy w pluca oddech szerszy   Levemos aos pulmões uma respiração mais profunda
Niech zyje czterdziesty pierwszy   Um "viva" ao ano quarenta e um
Chociaz pierwszy glowe dam   Embora o primeiro, apostarei a cabeça
Tu ostatni bedzie nam   Que este ano será o último ano para nós aqui.

Embora os alemães proibissem que os prisioneiros a cantassem por causa do verso de "prometer à moça que voltarão logo", eles a cantaram durante os longos cinco anos que estiveram no campo, mudando a cada ano só o refrão:
Em 1942 o refrão foi:

Wezmy w pluca oddech dlugi   Levemos aos pulmões uma longa respiração
Niech zyje czterdziesty drugi   Dando vivas ao quadragésimo segundo ano
Chociaz drugi-glowe dam   Embora o segundo, apostarei a cabeça
Tu ostatni bedzie nam   Que este será o último ano para nós aqui.

Em 1943 o refrão foi:

Chociaz czas nam wolno leci   Mesmo que o tempo corra devagar para nós
Niech zyje czterdziesty trzeci   Viva o quadragésimo terceiro
Chociaz trzeci-glowe dam   Embora o terceiro, apostarei a cabeça
Tu ostatni bedzie nam   Que este será o último ano para nós aqui.

Em 1944 o refrão soava:

Wezmy w pluca oddech zwarty   Pegamos no pulmão uma inalação densa
Wszak to juz czterdziesty czwarty   Que já é o quadragésimo quarto
Chociaz czwarty-glowe dam   Embora o quarto, apostarei a cabeça
Tu ostatni bedzie nam   Que este será o último ano para nós aqui.

Na noite de São Silvestre, no fim de 1944 e entrada do Ano Novo de 1945, os prisioneiros cantavam:

Pozegnajmy stare katy	Despedimo-nos de velhos cantos
Niech zyje czredziesty piaty	Que viva o quadragésimo quinto
Chociaz piaty-glowe dam	Embora o quinto, apostarei a cabeça
Tu ostatni bedzie nam	Que este será o último ano para nós aqui.

O problema da escolha do tema da peça teatral a ser apresentada foi difícil. O que representar que não ferisse a censura alemã? Que repertório escolher? Os papéis femininos foram um problema logo resolvido. O coronel Jan Peski tinha o dom de imitar perfeitamente a voz e os gestos de mulher.

Depois de muitos debates, de prós e contras, decidiram representar o conto poético de Edward Fischer *Zaczarowana Studnia* (O Poço Encantado), o mesmo autor da canção *O Aniu – Aniu wyjdz przed sien...*

A cenografia esteve a cargo do coronel Tadeusz Ptaszycki, os figurinos de Stefan Michalski, a coreagrafia de Zygmunt Kukiella e a regência foi de Jan Koecher.

Em cima da cena, antes que a cortina se abrisse, havia uma inscrição: *Et respice finem...* (Espere o fim...)

O interesse pelo teatro tornou-se tão popular que o coronel Jan Koecher promoveu aulas regulares para treinamento de novos artistas.

Formaram-se, então, grupos de ensaios de dança, canto e música. Os prisioneiros encontraram interesse e nova ocupação.

O teatro era o que mais atraía e divertia. Da segunda peça a ser encenada, a *The Eggs Island* (A Ilha de Ovos) de Sherlock Holmes, surgiu a idéia de se montar a peça chamada: *Jaiko Kolomba* (O Ovo de Colombo). O texto foi escrito por Stefan Flukowski, Andrzej Nowicki, Ludwik Natanson e

Henryk Rostworowski. A música foi composta por Stanislaw Gajdeczka. Havia no texto muitas alusões sutis à política, que a censura alemã não percebeu. Em todo caso, a peça era muito divertida e ficou em cartaz por muito tempo. Muitos iam assistir até duas ou três vezes e riam novamente. A peça tornou-se tão popular que foi encenada na Polônia, depois da guerra na cidade de Cracóvia.

Em seguida, os diretores do teatro decidiram encenar a comédia musical de Offenbach *Piekna Helena* (Linda Helena), que era bastante popular nos teatros poloneses antes da guerra. Ninguém possuía o texto original, mas a peça era tão conhecida que, juntos, conseguiram reproduzi-la de memória. Enriqueceram-na com diversas canções, que faziam alusões à vida no campo. As alusões sutis à política eram quase imperceptíveis aos embrutecidos soldados da Wehrmacht, mas compreensíveis para os espectadores poloneses. A idéia pareceu genial a todos, e logo, com entusiasmo, começaram os preparativos para a peça. Os trabalhos para reanimar a *Linda Helena* realizavam-se na barraca XII A porque nela morava o maior experto em assuntos artísticos, o escritor e excelente teatrólogo Stefan Flukowski.

As reuniões tinham lugar no "Cantinho de Flukowski", que era um pequeno e estreito espaço entre os beliches, onde havia uma pequena mesinha feita de madeira compensada. Perto, sentava-se o emagrecido, freqüentemente doente, Stefan Flukowski. Era naquela mesinha que ele escrevia seus lindos versos e dava os inspirados cursos de História da Literatura para os soldados rasos e coronéis.

Durante as reuniões dos participantes do teatro, para ceder lugar aos visitantes, o escritor Flukowski mudava-se para o andar de cima e, de lá, dirigia os trabalhos que de fato executavam-se no andar de baixo. Embaixo e dobrados pela cintura, pertinho uns dos outros, sentavam-se os mais destacados "artistas" do campo: o calmo e incrivelmente espirituoso Kazimierz Rudzki, que começava sua carreira de *conferensieur*; Jan Koecher, ator e regente que sempre corria à procura de inspirações artísticas ou atrás de café dos pacotes que vinham da Cruz Vermelha; Henryk Rostworowski, o compositor das canções do campo e o mais forte candidato para o papel da Linda Helena. Participou também Jerzy Michalowski, o mais ativo na preparação da peça (que depois tornou-se vice-ministro da Educação na Polônia socialista; e Ludwik Natanson, muito admirado como conhecedor de Literatura e Física. Além disso, foi muito importante a presença dos músicos: querido por todos, o intérprete e compositor Stanislaw Gajdeczka e o talentoso músico-pianista Jan Lande (que pouco tempo depois suicidou-se, jogando-se em cima do arame farpado eletrificado).

Enquanto fumavam e se divertiam, rindo dos próprios conceitos e idéias, esses artistas faziam com que a *Linda Helena* ficasse cada vez mais bonita, o que trazia muita satisfação a todos. Era preciso somente ter muito cuidado com a censura da Wehrmacht, que se tornou muito sensível e atenciosa. Os trabalhos com a *Linda Helena* provocaram muito interesse em todos, especialmente na barraca XII A. O entusiasmo foi grande, mas a peça não acabou como a vitória de Tróia.

Alguns dias antes da *première*, apareceu correndo na barraca XII A, pálido e trêmulo, o dirigente do teatro, o capitão da marinha Bohdan Mankowski. Pelos olhos arregalados e pela voz trêmula, os colegas compreenderam que algo terrível acontecera: "*Abwehrabteilung* não deixa apresentar a peça", disse afinal, com a voz desmaiada. Recuperando-se um pouco, jogou nas caras atônitas: "Mussolini entrou na Grécia! Entendem?!"

Todos entenderam. A notícia não precisou de comentários. No silêncio que dominou a barraca, ouviu-se o ruído do tombo de um corpo. Era a "linda Helena", que caíra desmaiada. E ninguém se lembrou de reanimá-la.

Assim, a nova situação da guerra fez da peça apolítica o mais perigoso assunto político, e seu destino foi decidido por Mussolini, que, de surpresa, ocupara a Grécia. A peça podia parecer uma provocação, embora nunca tivesse tido relação com a política. Os "artistas" ficaram arrasados e a morte de a *Linda Helena* ensinou aos prisioneiros que nada é, garantidamente, apolítico.

Aos poucos, os "artistas" recuperaram-se do choque e escolheram outros assuntos, montaram outras peças, que eram bem freqüentadas e ficavam em cartaz várias semanas.

Na recuperação do choque ajudou a notícia da ruptura do pacto de não-agressão entre Hitler e Stalin e a ofensiva dos alemães. A tensão no campo era grande. Discutiam-se planos de estratégia para os russos e os alemães. Apostava-se por onde deviam e onde atacariam primeiro. Nos primeiros dias dessa mudança na guerra, a excitação dos prisioneiros era enorme. Não podiam adormecer e, por muitas horas, noites adentro, discutiam e esperavam os novos acontecimentos. Nessa época, não houve suicídios.

Desde o rompimento do pacto de não-agressão surgiu no campo um grande interesse sobre tudo relacionado à Rússia. Os livros de geografia, história e economia russa eram os mais procurados. Todos os pronunciamentos de Stalin ou de outros políticos russos, embora proibidos pelas autoridades alemãs, passaram a fazer sucesso. Surgiram, também, especialistas, que observavam os acontecimentos da guerra no Oriente e como ela se relacionava ao desenvolvimento industrial e rural. Os marxistas e esquerdistas, proibidos de organizar-se oficialmente, não somente pelos alemães, mas também pelos dirigentes e representantes poloneses no campo, decidiram fazê-lo clandestinamente. O seu primeiro secretário foi Stefan Petrusiewicz, e o responsável pela propaganda do grupo, Adam Uzieniblo. Com o tempo eram vinte membros, e os encontros clandestinos eram cada vez realizados num lugar marcado, sob um ou outro pretexto. Entre os "membros dos 17", como eram chamados devido ao número inicial do grupo, destacaram-se o advogado Ludwig Kohn; o Coronel Stanislaw Kwiatkowski; Adolf Dab e Stefan Kotarski; Bronislaw Lipinski; Stanislaw Mroz; Adam Pakuski; Mateusz Siuchninski; Witalis Taleyko; Marian Wadecki e o dr. Henryk Wereszycki.

Os prisioneiros recebiam as notícias de várias fontes. No começo, dependiam das notícias dos alemães, que não levantavam o ânimo dos prisioneiros. Os alemães chegaram a publicar, em polonês, o jornal *Nowy Kurier Warszawski*, como também um jornal semanal, *Gazeta Zolnierska*.

Os prisioneiros sentiram muita falta de notícias verdadeiras sobre os acontecimentos, e logo organizaram um noticiário feito pelos jornalistas do campo. Consistia de notícias recebidas dos soldados da Wehrmacht, do noticiário alemão do rádio clandestino da BBC inglesa, feito de anotações e notícias de boca a boca espalhadas entre os prisioneiros. As anotações eram, então, destruídas imediatamente.

De madrugada, num lugar combinado, um dos soldados da Wehrmacht deixava num papelzinho as últimas notícias da noite anterior, e já estava lá esperando os dois cigarros americanos. Copiavam-se as notícias e distribuía-se em outras barracas. E o dia tornava-se cheio de discussões. Às vezes, havia até brigas sobre a estratégia que os alemães ou os russos deviam aplicar. Havia apostas por valiosas prendas, ou multas, que tinham que ser pagas pelos perdedores.

Nessa atmosfera de excitação, para deixar os acontecimentos correrem sem a "participação" dos prisioneiros e para esfriar os ânimos, surgiu a idéia de criar um teatro de marionetes. Esse também de alto nível artístico, decoração linda e ótimos efeitos de iluminação. Os textos eram também muito bem escritos por Edward Fischer, Henryk Rostworowski, Witold Wroblewski, Stefan Flukowski e outros.

Era imprescindível que tudo funcionasse bem, porque os espectadores eram adultos, críticos, e os artistas não tinham nenhuma prática, a não ser alguns que já haviam feito um teatrinho para o aniversário de seus filhos. Eram necessários muita paciência e capricho. O local destinado para o teatro era uma parte da grande sala da barraca VI. Foi posto até um aquecedor de ferro, só que não havia combustível para ele e o frio gelava as mãos dos que fabricavam os bonecos de marionetes. Uma das grandes dificuldades era a falta de ferramentas, que os alemães proibiam. Um simples martelo fazia muita falta, e teve que ser substituído por um barbeador. Mas, com o tempo, os guardas alemães corruptos venderam um alicate, umas tesouras, enfim, todas as ferramentas necessárias. Havia até uma senha, "Leon", que alguém à porta chamava quando um alemão se aproximava, para que as ferramentas tivessem tempo de sumir.

Apesar de todas as dificuldades, também esse teatro ganhou prestígio e foi por muito tempo lembrado pelos sobreviventes do campo. O importante era que os prisioneiros tivessem com que ocupar suas mentes entediadas, esquecer a excitação causada pelos novos acontecimentos nas frentes de batalha e as preocupações com as famílias na Polônia. Desse modo foram evitados vários suicídios.

Os artistas plásticos distinguiram-se e especial menção merece Stanislaw Horno-Poplawski, que antes da guerra fora um conhecido professor de escultura na Universidade de Stefan Batory, na cidade de Vilna. Ele esculpiu para a capela do campo uma linda figura de Nossa Senhora com o menino Jesus, admirada por todos.

Organizaram-se coros e orquestras. A orquestra do músico e compositor Stanislaw Gajdeczka tornou-se muito popular.

O Circo e Outros Episódios

A idéia mais criativa e inesquecível para todos os prisioneiros de Woldenberg foi a do circo de Bogdan Neumann. Os voluntários contribuíram, sem dúvida, fazendo o papel de artistas. Havia alguns artistas de renome, conhecidos na Polônia, como Jan Koecher, Janusz Ziejewski, Slawomir Lindner, Wlodzimierz Sawka, entre outros.

Havia um coro, solistas, a orquestra de Gajdeczka e um balé. Mas a alma e o motor de toda essa incrível empresa era seu diretor Bogdan Neumann, que merece palavras especiais de reconhecimento.

O circo foi inaugurado numa tarde, na praça principal do *Zählappell*, porque naquele dia não houve segunda contagem de prisioneiros. Grandes placas anunciavam que a entrada seria permitida somente para militares (como se houvesse outra população civil no campo). Podiam trazer banquinhos para se sentar ou ficar em pé. O que é que não havia nesse circo?!

Havia leões, tigres, cavalos, luta de bois, luta-livre, domadores, acrobatas, ilusionistas. Cada animal era encenado por dois prisioneiros: um era o traseiro e o outro o dorso e a cabeça do animal. Mas, antes de tudo, havia Neumann; o maravilhoso, genial Neumann. Sem dúvida, ele era um verdadeiro diretor de circo ambulante, vestido com fraque preto, cartola lustrosa, suntuosos bigodes pretos, o peito ornado de medalhas e exclamando os seus: *allez hop, en avant, en arrière*!!! Batendo no chão com estalos um comprido chicote, fazia sete mil prisioneiros chorarem de tanto rir, uivarem, contorcerem-se e berrarem.

Na última fila, durante todos os espetáculos, estava um observador alemão da *Abwehrsabteilung*. No início, o único ponto imóvel em toda a praça que não se contorcia de rir era o soldado alemão, que parecia um verdadeiro robô nazista, taciturno, indiferente, de casquete, armado até os dentes. E, no entanto, até esse robô humano, que nada parecia poder tirar da indiferença, foi vencido por Neumann. Como de um enferrujado relógio velho começaram a sair ruídos, até que todo o mecanismo armado pareceu tremer e despedaçar-se num incontido riso crépido.

O desmoronar do taciturno alemão parecia uma vitória dos prisioneiros, uma vitória sem derramamento de sangue, uma vitória da inteligência humana sobre um embrutecido, armado robô nazista. Os prisioneiros estavam orgulhosos de serem, naquele momento, prisioneiros vencedores. Essa vitória foi comentada por muito tempo. Para encerrar o espetáculo, havia o *gran finale* com a canção otimista entoada por todos:

Spiewaj te piosenke z nami,	Cante conosco esta canção
Choc cie gnebia zmartwien moc,	Apesar do martírio de mil pensamentos
Zyj nadzieja, zyj chwilami,	Viva com esperança, viva cada minuto
Nie kracz w dzien e nie chrap w noc.	Não se queixe do dia, não ronque à noite
Dobra bulke ze salami	Um bom pãozinho com salame
Wcinaj – jesli tylko masz.	Devore-o se só o tens
Spiewaj te piosenke z nami	Cante conosco esta canção
Chociaz troski gnebia nas	Apesar da dor que nos deprime.

Depois da guerra, o coronel Neumann ocupou um importante lugar na indústria do governo socialista polonês, mas a arte certamente perdeu um grande artista. *Qualis artifax pareat* (um artista está perecendo), como disse Nero.

Um dia, o correio do campo trouxe uma notícia sensacional: uma nova empresa fora criada no campo, uma floricultura! O dono da empresa era o coronel Dziwisz. O coronel Dziwisz, dono da floricultura, fora antes da guerra um barbeiro em Varsóvia, e continuou sendo barbeiro no campo. Mas essa ocupação monótona não o satisfazia mais. E, como o pai dele trabalhara como jardineiro numa empresa alemã de flores em Varsóvia, na Polônia, ele teve a idéia de organizar uma floricultura, que permitiria aos prisioneiros interessados escolher num catálogo de flores, a seu gosto e possibilidade de pagamento, as flores que gostariam de mandar para alguém, na Polônia.

Por incrível que pareça, a floricultura funcionou! Depois da escolha das flores e do preço, entregava-se ao coronel Dziwisz um cartão-postal com algumas palavras ao amigo ou parente, e o seu endereço. O coronel Dziwisz mandava esse cartão para o seu pai em Varsóvia, especificando as flores, e cerca de dez dias depois, os admirados e espantados parentes recebiam as congratulações do campo de prisioneiros de Woldenberg – Offlag II C.

Dessa maneira, também o coronel Benjamin mandou uma tulipa para sua mãe no dia do seu aniversário, no *Litzmannstadt Ghetto* (Lodz), o que, naquele tempo, foi um acontecimento espantoso e inédito, comentado por toda a esfomeada comunidade judaica do gueto.

Outro episódio digno de ser mencionado foi quando, um dia, um dos prisioneiros engoliu uma coroa de dente de ouro. Apareceram voluntários que ofereceram seus serviços em troca da metade do valor da coroa dentária. Dito e feito. Vieram com um grande frasco de óleo de rícino e não largaram o coronel durante dois dias e duas noites, sempre acompanhando-o com uma latinha vazia de conservas, observando-o. Até que, afinal, chegou o resultado. Acharam a coroa dentária de ouro!

Assim matava-se o tempo e evitava-se o tédio no campo, enquanto em toda a Europa morriam centenas de pessoas nas frentes de batalhas, nos campos de concentração, nos guetos e nas cidades bombardeadas.

No fim do mês de maio de 1942, depois da grande invasão aérea da Alemanha pelos ingleses e o maciço bombardeio da cidade de Lubeka, durante o qual foi também bombardeado, parcialmente, o campo de prisioneiros local, foram transferidos para Woldenberg algumas centenas de prisioneiros poloneses. A maior sensação que trouxeram consigo foi a notícia de que naquele campo de Lubeka encontrava-se o filho de Joseph Stalin, Jacob Dzigaszwili, que como dirigente de uma bateria de tanques pesados, caiu prisioneiro dos alemães. Ele permanecia em isolamento absoluto, mas alguns prisioneiros conseguiram comunicar-se com ele. Jacob teria dito que seu pai, Stalin, certamente venceria os alemães, e que acreditava veementemente na vitória, que era apenas questão de tempo.

A Cruz Vermelha

Não se sabe se por causa dos bombardeios dos aliados ou devido às cartas do advogado Lotz (sobre isso falaremos mais adiante), ou por outra razão qualquer, apareceu no campo de Woldenberg, em junho de 1942, depois de longa ausência, a delegação da Cruz Vermelha Internacional. Até essa data, o campo não fora visitado por ninguém, e os alemães tentaram convencer os prisioneiros de que não tinham direito de ser tratados como tais, porque não havia nenhum país que se preocupasse com eles, já que a Polônia parara de existir. No começo, ocupava-se com os prisioneiros a Suécia, mas depois de um desentendimento por terem os alemães condenado e executado o coronel Stanislaw Kolabinski, sem avisar os suecos de seu julgamento, eles se ofenderam e não quiseram mais representar os prisioneiros. Então, por muito tempo, ninguém mais preocupou-se com eles. E, por isso, a aparição da Cruz Vermelha foi de grande importância. O primeiro encontro com os delegados da Cruz Vermelha, como todos os outros futuros encontros, aconteceu na presença das autoridades alemãs e do representante da *Oberkommando der Wehrmacht*, que viera junto com os delegados da Cruz Vermelha. Os prisioneiros eram representados pelo chamado *der Älteste*: naquele tempo, o coronel Waclaw Szalewicz, representante da Comissão de Cultura e Educação, o diplomado coronel polonês Jan Cialowicz e, como tradutor, o coronel Chrzanowski.

Geralmente os alemães não avisavam o representante dos prisioneiros da visita da Cruz Vermelha, e somente uns dois dias antes pediam-lhe que fizesse um resumo dos assuntos que desejariam apresentar à delegação. No começo, Waclaw Szalewicz negou-se a entregar, por escrito, esse resumo aos alemães. Mas, depois de insistente pedido, escreveu todos os problemas, o que preencheu entre 25 e trinta páginas. Quando os alemães leram o conteúdo a ser apresentado, riscaram dele dois terços e mandaram reescrever apenas os itens permitidos para serem solicitados durante a visita da delegação da Cruz Vermelha.

O representante dos prisioneiros teve uma reação original à exigência dos alemães: a nova lista continha a mesma quantidade de questões e, no lugar das censuradas, ele deixou um espaço vazio. O comandante alemão, quando viu aquilo, ficou furioso e exigiu que fosse refeita a lista, sem espaços vazios. Szalewicz negou-se a fazê-lo, categoricamente, e como o tempo urgia e a Comissão da Cruz Vermelha estava para chegar, a lista ficou como estava, mas os alemães chamaram novamente a atenção do mais velho para que só tratasse dos assuntos permitidos.

No dia seguinte, os representantes da Cruz Vermelha suíça apareceram cedo, pela manhã, numa das salas de recreio, junto com o comandante alemão do campo e mais alguns oficiais. Depois de cumprimentar o representante dos prisioneiros, perguntaram-lhe quais os problemas que gostaria de apresentar e discutir. O representante surpreendeu-os com a resposta:

– Nenhum, porque o comandante alemão, aqui presente, mandou fazer uma lista dos problemas que queríamos que fossem debatidos, e ao ler a lista, censurou 2/3 deles, sublinhando apenas aqueles que poderiam ser apresentados à Comissão da Cruz Vermelha; e pensamos que isso vai contra a Convenção de Genebra.

Surpreso, o comandante alemão confirmou as alegações do representante dos prisioneiros. Assim, a delegação da Cruz Vermelha decidiu interromper o encontro, pedindo desculpas a Szalewicz e avisando que iriam chamá-lo de novo, depois de esclarecido o episódio com os alemães.

Houve um intervalo de algumas horas e, depois, esclareceu-se que haviam sido feitas ligações para os escritórios de Berlim que se ocupavam com os problemas dos prisioneiros. À tarde, o encontro continuou, mas sem a presença do comandante do campo. Em seu lugar veio um substituto, e na presença dele Szalewicz pôde apresentar todos os problemas dos prisioneiros. Entre outros, o coronel expôs as queixas dos prisioneiros, sublinhando que as autoridades alemãs não seguiam as Leis da Convenção de Genebra e aplicavam aos prisioneiros castigos injustos.

Dois dias depois, apareceu um novo comandante no campo. Depois dessa visita da delegação da Cruz Vermelha, começaram a chegar ao campo, regularmente, pacotes de alimentos para cada prisioneiro, uma vez por mês. Os prisioneiros chamavam-nos de pacotes americanos, apesar de chegarem de outros países, porque continham produtos americanos. O conteúdo dos pacotes era fantástico: além de margarina ou manteiga, vinham excelentes conservas de carne, leite em pó e..., o mais apreciado, café solúvel.

O café solúvel continuou sendo a mais valiosa moeda do campo. Quem possuía muito desse artigo conseguia tudo o que queria. Podia encomendar um novo uniforme no alfaiate, comprar sapatos novos, até encomendar uma música para ser tocada no seu instrumento favorito. No dia do aniversário do feliz possuidor do café, muitos amigos o visitavam com a esperança de que lhes oferecesse uma xícara. Aliás, depois de 1942, quase todos tinham café e podiam oferecer uma pequena xícara ao colega que o visitava. Aquecer o café também não era mais problema, pois todos possuíam o famoso fogareirinho com o *kreciolek*, um tipo de espanador, um atiçador de fogo.

Os alemães confiscavam freqüentemente os fogareiros e o *kreciolek*, mas logo surgiam fogareirinhos mais sofisticados, feitos da mesma matéria-prima: velhas latas de conservas.

No fim de 1942, o coronel Stefan Czetwertynski, formado em Gastronomia e Administração Hoteleira na Suíça, junto com seu colega, o coronel Lew Sapieha, organizou uma casa de café, que os alemães, finalmente, depois de muita insistência, permitiram instalar numa parte da barraca designada anteriormente para uma sala de música e concertos. A mobília para a casa de café consistia de 25 mesas, para quatro pessoas cada, feitas pelos prisioneiros da madeira que era trazida pelas turmas que trabalhavam fora do campo, ou das tábuas das próprias camas dos beliches. Os visitantes do Café tinham que trazer seus próprios banquinhos.

Os banquinhos primitivos, cada um fazia por sua conta, do material que pudesse encontrar. As paredes do Café foram decoradas pelos artistas plásticos com desenhos ou pinturas dos prisioneiros.

A casa de café funcionava das quatro às seis horas, até a hora do *Zählappell*. Lá, apresentavam-se músicos solistas, grupos musicais, declamadores de poesias e cantores. Podia-se tomar café ou chá de procedência americana e, depois de 1944, quando cessou a chegada dos pacotes americanos, tomava-se café feito de trigo queimado. Comia-se também um doce feito de flocos de aveia com açúcar. A entrada era paga, como também o consumo. O lucro destinava-se ao Fundo de Viúvas e Órfãos.

Muitos prisioneiros tornaram-se verdadeiros "cafemaníacos", e quando a guerra acabou, voltando para a Polônia, instalaram café-bares nas pequenas cidades da antiga Alemanha que, depois da guerra, chegaram a pertencer à Polônia.

A Cruz Vermelha Internacional fez muito para aliviar o sofrimento dos prisioneiros. Cada visita de sua delegação obrigava os alemães a cumprirem a Convenção de Genebra de 1929, que protegia os direitos dos prisioneiros. Verificavam o estado de saúde e de higiene dos prisioneiros e a situação geral. Observavam, também, se os prisioneiros não eram obrigados a trabalhar para os alemães.

Antes de cada visita da delegação da Cruz Vermelha, os alemães eram obrigados a limpar o campo e melhorar a alimentação que vinha nos tambores da cozinha. Os alemães, nessas ocasiões, mostravam aos visitantes da Cruz Vermelha os canteiros, as vendas, as cantinas, e gabavam-se dos trabalhos de arte executados pelos prisioneiros.

A Cruz Vermelha mandava, mensalmente, para os prisioneiros, pacotes individuais e para uso geral do campo, como roupas, material de higiene, medicamentos. Especial importância tinham os antibióticos, já que os alemães não os forneciam para os prisioneiros do campo.

AS FUGAS DO CAMPO, SUICÍDIOS E MORTES

Quando terminou a construção do campo de Woldenberg, no final de 1940, ele se tornou o maior campo de prisioneiros poloneses de guerra da Alemanha. Começaram a afluir para lá levas de oficiais poloneses de outros campos.

Nessa época aconteceram as primeiras fugas de prisioneiros. Na noite de 25 para 26 de maio de 1940, enquanto o trem que transportava um grupo de prisioneiros de Wolfsberg, Áustria, para Woldenberg passava por Semmering, nos Alpes, fugiram o coronel engenheiro Stanislaw Ksiazkiewicz e o coronel Zdzislaw Jamrozik. Depois de dois dias vagando pelas montanhas, caíram nas mãos dos gendarmes alemães e, depois de ficarem presos algumas semanas, os dois chegaram, no dia 20 de junho, ao campo de Woldenberg. Na prisão do campo encontraram dois outros fugitivos, nas mesmas condições: o major Lucjan Gowronski e o coronel Jan Lukasiewicz. Esses quatro podem ser considerados os precursores dos prisioneiros fugitivos poloneses.

Em junho de 1940 foram trazidos do Campo XI B Braunschweig muitos oficiais poloneses, e sabe-se que desses alguns fugiram na noite de 25 para 26 de junho, no trecho entre Frankfurt/Oder e Kreuz. Como não foram trazidos depois para o campo de Woldenberg, não se sabe seus nomes e pode-se supor que foram bem-sucedidos na fuga.

Naquela época, os prisioneiros já estavam cientes dos perigos que os esperavam durante a fuga. Sabiam que, conseguindo sair do campo sem serem vistos pelos sentinelas e sem serem feridos por suas balas, as chances de fuga tornavam-se possíveis. O que os aguardava era a desagradável captura numa cidade alemã, os maus tratos da população civil ou dos gendarmes alemães. Depois, várias semanas de prisão e a volta para o campo de onde fugiram, ou a ida para um campo de castigo.

Até setembro de 1943 os alemães respeitaram a Convenção de Genebra de 1929. Seguindo as leis dessa Convenção, o prisioneiro capturado podia ser preso de dez até 28 dias, chegando ao tempo máximo de seis semanas. Assim acreditavam os prisioneiros do campo de Woldenberg, sem saber, porém, que o *Feldmarschal* Wilhelm Keitel dera uma nova ordem de fuzilar, no local da captura, todos os fugitivos. Esse decreto foi chamado o "decreto da bala". Em vários pontos do campo havia placas, em polonês mal escrito, alertando: *Jence wojenne! stoj!* (Prisioneiro de guerra, pare!) ou: *Gdy jeniec uciekac bedzie, bedzie strzelano e trafiano na miejscu* (Se o prisioneiro fugir será fuzilado no local onde for encontrado).

Apesar disso, no verão de 1940, quando ainda estavam em construção as barracas V A e VI A, e havia a presença constante de civis alemães no campo de Woldenberg, parecia haver possibilidade de fuga. A mudança de prisioneiros de uma parte do campo para outra e o bom tempo davam ânimo aos prisioneiros corajosos para empreenderem fugas. Um elemento animador era a relativa proximidade da fronteira polonesa, distante do campo apenas um dia de marcha.

Durante a primeira metade de 1941, quando os alemães ainda tinham sucesso na guerra contra os Bálcãs, do campo de Woldenberg ninguém se atrevia a empreender fugas. Só quando os alemães romperam o pacto de não-agressão com os russos e invadiram parte da Rússia foi que retornaram as esperanças de sucesso e os prisioneiros animaram-se a planejar as escapadas.

Os planos para fuga exigiam muitos preparativos: precisavam ser providenciados documentos falsos, dinheiro alemão usado fora do campo e comida para, no mínimo, dois dias. Para tanto, precisavam ser escolhidos homens de confiança, que saberiam guardar segredo. Uns planejavam sair do campo disfarçados de mecânicos ou trabalhadores que vinham de fora, outros preferiam a tentativa de cortar os fios de arame farpado ou, em grupos maiores, cavar túneis por baixo dele. Era necessário ter muito cuidado, pois entre os prisioneiros havia espiões.

Ficou conhecido em Woldenberg o caso do coronel Carol Seemann, um *Volksdeutsch*, que falava fluentemente o polonês e que fora feito prisioneiro junto com os outros, já nos primeiros dias da guerra.

Por muito tempo, não se suspeitou de nada. Uma vez, um grupo estava cavando um túnel e a entrada para ele foi coberta e disfarçada com uma mesa, perto da qual quatro prisioneiros jogavam bridge e outros três só fingiam que olhavam. A terra cavada era posta em pequenos saquinhos que os colegas levavam consigo para o passeio pelo campo e os espalhavam disfarçadamente. Os jogadores de brigde jogavam até os cavadores terem cavado o trecho previsto para aquele dia, e depois a mesa de bridge era dobrada e a entrada para o buraco disfarçada.

Tudo ia bem até que, um certo dia, um dos alemães foi direto para o buraco disfarçado e descobriu a entrada para o túnel. Daquele dia em diante, surgiram as primeiras suspeitas sobre o coronel Seemann, pois observara-se, desde certo tempo, que ele abandonava a praça do *Zählappell* sempre por último e ia para a latrina, onde demorava um certo tempo. E encontrava-se com um outro soldado disfarçado da Wehrmacht. O coronel Seemann começou a se interessar pelo jogo de bridge e, uma vez, por descuido de alguém, viu na mesa de jogo um saquinho de terra. Os jogadores deram alguma desculpa, mas sentiram, pelo comportamento de Seemann, que algo estava errado com ele. E, de fato, no mesmo dia a entrada do túnel foi descoberta.

O coronel Seemann foi seguido e os prisioneiros não mais o perdiam de vista. Até quando ia para a latrina havia alguém junto com ele. Os prisioneiros decidiram puni-lo e, um dia, quando ele entrou em sua barraca, dois prisioneiros deram-lhe uma forte paulada na cabeça. Mas um dos prisioneiros, que não sabia nada do assunto, defendeu o coronel, pensando que se tratava de uma simples briga entre colegas.

Dessa vez, Seemann, vendo que fora descoberta sua farsa, correu para fora da barraca e pediu abertamente a ajuda de um soldado da Wehrmacht. Seemann sumiu do campo e nunca mais voltou para Woldenberg.

Soube-se, depois da guerra, que Seemann prejudicara muito a "quinta coluna" polonesa, a AK – Armja Krajowa, que lutava nas florestas contra os alemães.

Seemann fingiu ser um prisioneiro fugitivo do campo e os membros da AK nem se deram ao trabalho de verificar a veracidade de sua história e confiaram nele. Chegou a ter um pseudônimo na luta contra os alemães: chamava-se *Ofik* e depois *porucznik Janek* (coronel Janek).

Pagaram caro por isso, pois Seemann chegou até a ser nomeado chefe de uma repartição da AK e, graças a sua traição, os alemães mataram, em março de 1944, várias centenas de membros da AK e liquidaram os outros que se escondiam nas florestas. Os membros da AK, deve-se mencionar aqui, eram ferrenhos anti-semitas e mataram muitos judeus sobreviventes dos campos de concentração, e os da quinta coluna, que junto deles lutaram contra os alemães.

Assim, Seemann, sem querer, salvou alguns judeus das mãos dos AK. Em Wroclaw-Breslau os alemães liquidaram, graças a Seemann, uma rede polonesa da AK que se interessava pela construção de bombas alemãs e estava em contato com os ingleses.

Disso só se soube depois da guerra, e comentava-se a falta de precaução dos homens da AK, que acreditaram nas histórias de Seemann.

Desde o "episódio Seemann", a escavação de túneis foi interrompida por certo tempo no campo de Woldenberg.

No entanto, com a ofensiva dos aliados e especialmente com a primeira derrota dos alemães perto de Stalingrado, muitos prisioneiros estavam impacientes e queriam retornar para casa.

Um ou outro tentou a fuga pelos arames farpados, mas nenhum conseguiu distanciar-se muito. Ou caíam mortos pelos tiros certeiros dos sentinelas alemães, ou eram feridos e capturados a certa distância do campo. Depois eram castigados com a prisão no campo, por várias semanas.

Audacioso foi o caso do coronel Zygmunt Siekierski, que desde criança viveu na Alemanha e seu conhecimento de alemão deu-lhe muita segurança. Ele teve a brilhante e audaciosa idéia de fingir-se de soldado alemão que levava quatro prisioneiros doentes para um hospital, fora do campo.

Para tanto, precisavam ser feitos muitos preparativos. A maior dificuldade foi a fabricação de um fuzil. Mas com muita paciência e trabalho, conseguiram moldar um fuzil de madeira encontrada na cozinha do campo. As partes de metal foram feitas de latinhas de conservas, devidamente preparadas na chama, e o resto foi pintado de tal maneira que o fuzil tinha que ser pego na mão e ser bem examinado para se perceber que era apenas uma imitação.

O cinto e a fivela com a inscrição *Got mit uns* (Deus está conosco), como usavam os soldados alemães, também saíram perfeitos. O uniforme foi tingido de *feldgrau* (cinza de batalha). Prepararam-se os documentos necessários com a ordem de levar os doentes com o "sargento alemão".

Os fugitivos foram providos com dinheiro necessário para fora de campo. Os "doentes" foram devidamente disfarçados, com bandagens e esparadrapos, manchas roxas e machucados.

Tudo pronto, os "doentes" dormiram na barraca IV B e, bem de madrugada, no dia 20 de março, o sargento Siekierski entrou na barraca e, com voz firme e alta, falando em perfeito alemão, levou consigo os quatro colegas "doentes".

Com passo firme e seguro, passou com eles pelo primeiro portão do campo, deixou-os sob cuidados do sonolento guarda, um alemão autêntico, e fingiu entrar na sala de comando. Foi até a porta de entrada, por sorte fora do alcance do guarda. Demorou-se um pouco, como se estivesse apresentando as credenciais, e saiu com passo firme, abanando os "documentos", que ninguém verificou, quase em frente ao nariz do guarda.

Quando os cinco estavam, afinal, fora do campo, com dificuldade contiveram-se para não correr. Quando alcançaram a floresta, pararam para decidir os próximos passos. Decidiram não se fingir mais de doentes, mas de infratores que estavam sendo levados a julgamento em Varsóvia, sob os cuidados do "sargento alemão" Siekierski. Andaram muito a pé, temendo o controle de documentos nas estações de trem, e só entraram no trem quando ele estava prestes a partir.

Depois de muitos perigos, fome e frio, e após completarem a roupa civil, os homens conseguiram chegar em Varsóvia passados cinco dias. Ali, entraram em contato com a OSA – Organizacja Specjalna Akcji Bojowych (Organização Especial de Luta Clandestina).

Destacaram-se em muitas lutas subterrâneas contra o inimigo e, além do coronel Pacaka, todos pereceram na luta, sendo condecorados *post-mortem* pelo governo polonês com a Cruz *Virtutis Militaris*.

Os prisioneiros de Woldenberg conseguiram durante quatro dias esconder a falta dos cinco colegas fugitivos, para dar-lhes tempo de se distanciarem do campo. Graças a isso, não foram perseguidos e alcançaram seu destino.

Essa fuga bem-sucedida encorajou planos para novas fugas. Geralmente, as tentativas eram feitas em dois, que saíam disfarçados pelo portão principal, aliás pelos dois portões, entre os quais se localizava a sala de comando do campo. Passando um portão, ainda restava o outro e, para sair por ele, era preciso ter um plano muito bem bolado ou, simplesmente, muita sorte.

Assim, outros dois empreenderam a fuga, escondendo-se entre cestos vazios sobre o caminhão que acabava de fazer entregas no campo. Foram bem-sucedidos até certa distância, mas depois foram capturados. Um conseguiu fugir e chegar à Polônia para lutar contra o inimigo.

Geralmente, os fugitivos eram capturados depois de anunciada, pelos seus companheiros, sua falta no *Zählappell*.

Os companheiros sempre tentavam camuflar uma ausência, respondendo em nome dos faltantes quando eram chamados. Depois de alguns dias, porém, os alemães faziam uma contagem e o número deveria estar certo.

Para evitar um castigo coletivo, os prisioneiros eram obrigados a declarar a falta dos companheiros, mas os poucos dias durante os quais conseguiam esconder suas faltas davam aos colegas tempo de se distanciarem do campo.

Infelizmente, foram poucos os bem-sucedidos nas fugas, mas havia sempre tentativas. O mais importante era sair pelos portões principais do campo. Depois, dependia-se muito de sorte.

Havia sempre novas idéias. Uma vez, um prisioneiro escondeu-se numa das caixas do caminhão que trazia lenha para o campo, mas a caixa continha lenha que servia para alimentar o motor do caminhão, que durante a guerra eram movidos a lenha, por falta de outro combustível.

O prisioneiro teve azar. Uma vez fora do campo, no caixote com o restante da lenha, pensou que conseguira escapar. Qual não foi sua surpresa quando, de repente, o caminhão parou e o motorista alemão subiu para tirar lenha do caixote e alimentar o motor. O motorista ficou mais surpreso ainda quando descobriu o prisioneiro entre a lenha e exclamou:

— *Aber so was!* (ou algo assim).
— *Lassen Sie mich doch frei laufen* (deixe me correr livre) — implorou o prisioneiro.
— *Bleiben Sie da ruhig drin* (fique aqui dentro quietinho) — disse o alemão, depois de coçar a cabeça e fechar a tampa do caixote, com o prisioneiro dentro.

O prisioneiro ainda teve esperanças de que, talvez, o alemão fosse deixá-lo em liberdade, e pensou que ele só pretendia distanciar-se mais do campo. Mas, depois de uma meia hora, abriram-se os portões e o prisioneiro retornou para o campo, sob o olhar triunfante do motorista. Ele foi escoltado para a prisão do campo, onde permaneceu entre duas e três semanas, isolado e com pouquíssima alimentação.

Por muito tempo, foi comentada e lembrada a tentativa de fuga de dois amigos na carroça que levava fezes e estrume da fossa do campo para fora. O plano original dessa fuga pertencia a outro colega, que pretendia fugir sozinho, mas como os dois ficaram prontos antes, convenceram-no a deixá-los tentar em seu lugar. Depois de muitas barganhas, o amigo consentiu.

O plano consistia na construção de um grande recipiente, onde caberiam os dois homens, feito de tábuas de madeira tiradas de baixo dos colchões. As tábuas foram bem presas umas às outras. O caixote foi forrado com papelão e colocado no fundo da carroça, e depois que os fugitivos entraram nele, foi coberto com as sujeiras e fezes do poço. Quem executava esse trabalho eram os soldados, também prisioneiros poloneses, o tal chamado *Scheißkommando*. Tudo fora combinado com eles. O ar para respirar entrava por canudos de máscaras contra gás afixados na caixa, e a tampa do caixote se abriria quando empurrada de dentro para fora. Era preciso apenas empurrar a tampa traseira da carroça, que era de madeira.

Quando estava tudo pronto, o velho soldado alemão saiu com a carroça pelos dois portões, dirigindo-se para o campo aberto, onde despejaria sua carga. Os amigos ficaram radiantes.

Porém, houve um imprevisto: com o chacoalhar da carroça, as tábuas de madeira, que pareciam tão densas, uma perto da outra, soltaram-se, o papelão encharcou-se com fezes e os dois camaradas ficaram sem ar e sentiram que iriam sufocar. Quando já não agüentavam mais, começaram a bater com os punhos no fundo do caixote e a chamar por socorro por muito tempo, até que o carroceiro meio surdo parou a carroça; custou para entender de onde vinham as vozes humanas.

Quando, afinal, compreendeu, retornou com sua carga até o campo de prisioneiros e eles foram tirados de lá com a ajuda dos guardas, que se sacudiam de tanto rir com os cheirosos prisioneiros. Por sorte, fediam tanto que tiveram que ser lavados com esguichos de água antes de seguirem para a prisão, onde permaneceram por muito tempo.

Depois desse episódio, todos os prisioneiros foram castigados com longas horas de quatro *Zählappells* por dia, durante quatro dias seguidos. Todos ficaram tão exaustos que ninguém tinha ânimo nem para pensar ou planejar uma nova fuga.

O desânimo prolongado provocava depressão nervosa em muitos. Qualquer desavença aprofundava a depressão e, apesar de serem apoiados e observados pelos colegas, vários conseguiram suicidar-se.

Em março de 1942, o conhecido advogado e excelente pianista Jan Lande suicidou-se, jogando-se em cima dos arames farpados e sendo fuzilado. No mesmo ano, imitou-o o coronel Jerzy Perzanowski. Em 1943, da mesma maneira suicidou-se Riszard Launer. Dois dias depois dele, suicidou-se Czeslaw Begale, e, em 1944, o coronel Mucha.

Muitos morreram de câncer de estômago, ou tiveram morte repentina por infarto. Outros foram fuzilados por uma ou outra razão.

No cemitério fora do campo foram enterrados uns sessenta prisioneiros. Esse cemitério foi fechado depois da guerra e os restos mortais transferidos para a Polônia, para o cemitério comum de prisioneiros, em Gorzow Wielkopolski.

Os oficiais judeus poloneses não empreendiam tentativas de fuga, pois sabiam que se escapassem com vida seriam mandados para guetos ou para campos de concentração. Vários deles suicidaram-se, e outros, se não encontravam coragem para tanto, davam-se conta que viviam como atrás de um "biombo de leis protetoras de Genebra", e que, comparando com os sofrimentos dos outros judeus na Polônia, a vida no Offlag II C podia ser vista como uma vida numa pensão segura.

Assim, numa lasca de terra inimiga, contornada por arame farpado carregado de alta tensão, foi permitido aos prisioneiros, "brincar de imitação de vida", com teatro, cafeteria, com política e economia próprias, correio, moeda, jornalismo, literatura, com cursos de línguas estrangeiras e até julgamentos de honra.

Foram-lhes negados somente três direitos: o direito de sair do cerco de arame farpado, o direito de executar trabalhos físicos normais e o direito de excluírem-se, mesmo por um curto espaço de tempo, da companhia de 150 co-inquilinos da barraca.

Isso foi suficiente para que a estada na "pensão" de Woldenberg se tornasse a mais aguda tortura psíquica, e para levar os nervos dos prisioneiros a um ponto que recebeu o nome de "doença de arame farpado".

No campo de Woldenberg não se morria sob as botas dos SS, ou nos crematórios, como em Auschwitz. O objetivo da terapia de Woldenberg era levar os prisioneiros à loucura.

Muitas vezes, o sono era invadido pela luz dos malditos refletores e a quietude da noite interrompida por tiros e gritos. Sentados nos beliches, tremendo, os prisioneiros permaneciam atentos a esses barulhos. Sabiam que, de novo, algum colega não agüentara mais e jogara-se no arame eletrificado, ou enlouquecera e ficara andando pelo campo e os guardas atiraram nele. De manhã, de uma barraca para outra, era transmitida a notícia com o nome do morto ou de alguém que fora posto no isolamento do hospital do campo.

A crônica de Woldenberg incluiu pelo menos algumas dezenas desses infelizes. Alguns ficaram na memória dos colegas. Por exemplo, havia um quieto, meio apagado oficial da reserva, que na vida civil fora diretor de uma escola primária. Um dia, de manhã, durante o *Zählappell*, anunciou a seus colegas que era o rei da Polônia, Wladyslaw V, e exigiu do *Sonderführer* alemão que naquele dia fazia a contagem, que o tratasse com todas as honras públicas oficiais dignas de um rei.

Um outro capitão da reserva, do qual se dizia que até a época da guerra trabalhava no exército da defesa, começou a sofrer de mania de perseguição e tinha medo que os comunistas do campo quisessem, por vingança, envenená-lo. Não aceitava nenhum alimento e só comia ovos crus, mandados de casa, e com o tempo até desses ovos tinha medo. Depois de um mês, morreu de esgotamento. Tendo pena do sofrimento desse indivíduo, era difícil não imaginar que, no fundo, ele devia ter algumas graves culpas.

Os colegas lembravam-se de um jovem coronel camponês, recém-formado pela escola de oficiais, que sempre se levantava muito cedo. Quando os colegas de barraca acordavam com o odiado assobio do campo, ele já estava voltando de um longo passeio e de exaustivos exercícios, refrescado, corado, contente. Dizia aos colegas, com ironia:

– Os intelectuais são muito preguiçosos, e aqueles que não sabem ou não querem varrer a barraca, estarão, certamente, propensos à loucura.

Pareceu incrível quando o mesmo rapaz jovem, cheio de saúde, parou de se levantar cedo e passou a ficar na cama até a chamada do assobio para o *Zählappell*. Um dia, levantou-se e, vestido de ceroulas e camiseta brancas, erguendo para o ar uma das pernas, começou a abanar os braços e a gritar que era uma cegonha.

Quando, afinal, depois de muito tentar convencê-lo a descer do alto, conseguiram tirá-lo de lá, ele teve um ataque de fúria. Esse foi um caso que os colegas não conseguiram esconder do *Lagerkommando* e, como nos isolamentos do hospital do campo não havia mais espaço, o infeliz foi levado numa camisa de força para o hospital de doentes mentais, em Hohenwerde.

Lá, os furiosos eram logo acalmados, para sempre.

Foram muitos esses infelizes durante os cinco longos anos de escravidão no campo de prisioneiros. Havia, entre eles, orgulhosos reis, generais e profetas. Havia, também, pobres coitados, que até na loucura não conseguiram libertar-se do eterno medo.

Nem todos cabiam nos isolamentos do hospital polonês do campo e os piedosos médicos poloneses, como o doutor Szubzda, escondiam-nos e defendiam como podiam, para que não fossem levados para os hospitais psiquiátricos alemães.

Por isso, muitos foram declarados recuperados e voltaram para as barracas, onde eram toleradas suas esquisitices. Eles davam voltas e voltas em torno da praça, sempre cochichando algo, pálidos, olhando horas a fio para um ponto fixo, ou ocupados em receber honrarias. Trágicas eram essas "vítimas do arame farpado".

Não muito distante do arame farpado do campo havia uma floresta. Uma linda e densa floresta, que se tornou o lugar com o qual os prisioneiros mais sonhavam: que evocava saudades e desejos de estarem nela sozinhos, poderem vagar entre o verde denso e sonhar com a casa, com o passado. Por uns poucos minutos, os prisioneiros eram capazes de dar a vida, já que a vida não tinha mais um valor muito alto.

O "Sonho Clarividente" do Coronel Z

Quem não passou alguns anos de vida numa gaiola de arame farpado não é capaz de compreender a profundidade e a força da saudade da liberdade. Durante todos os dias e horas na "pensão" de Woldenberg, os prisioneiros sentiam nos corações essa saudade, como um duro, insuportável caroço. Às vezes, quando não podiam mais acomodar essa saudade dentro de si, ela saía para fora por meio de diferentes formas de esquisitices ou loucuras. Uma dessas formas de saudade num dos prisioneiros tornou-se um sonho milagroso, que ficou famoso no campo.

Um dia, de manhã, no ano de 1942, espalhou-se pelo campo a notícia do milagroso e clarividente sonho do coronel Z da barraca XIII. Em seu sonho, o clarividente viu que no dia 4 de outubro desse mesmo ano de 1942 todos os prisioneiros de Offlag II C estariam livres. Não era a primeira vez que clarividências parecidas eram vislumbradas em sonhos, mas o coronel Z da barraca XIII teve mais sorte do que seus colegas de sonhos anteriores, e logo ganhou multidões de fanáticos adeptos.

O momento para acontecer um milagre era muito propício, pois os alemães foram vitoriosos em todas as frentes, e avançavam sem nenhum impedimento. O verão estava chegando, o que intensificava mais ainda a saudade de casa. Os mapas de guerra não mostravam nenhuma esperança de uma reviravolta na guerra e todos acreditavam que somente um milagre pudesse salvá-los. E o milagre chegou, na forma do sonho do coronel Z. E, por isso, apegaram-se a ele.

O coronel Z, abençoado com o milagroso sonho, era um homem de estatura pequena, com um rosto tão inexpressivo que era difícil lembrar-se dele. Na vida do campo não se destacava em nada, e até o seu milagroso sonho somente a barraca XIII sabia de sua existência. A única coisa que o distinguia dos outros prisioneiros era uma enorme boina preta do exército de tanquistas que usava. Muitos alegavam que ele não tinha direito de usar essa boina, pois fora mobilizado para o serviço de infantaria. Uma tão insignificante figura foi elevada às alturas pela saudade e pelos desejos impossíveis dos prisioneiros.

No começo, repetiu-se a notícia com certo cinismo e dúvida, mas com o passar dos dias encontravam-se, em todas as barracas, seguidores fanáticos que rezavam, ajoelhavam-se e acreditavam no milagre, pois o desejavam muito. Vários visitavam o profeta às escondidas, à noite, pois não queriam ser criticados ou ridicularizados pelos descrentes. No fim, a barraca XIII não podia mais acomodar todos os curiosos e foi estabelecida uma audiência do "profeta" para todos os dias, de manhã, na pracinha em frente à barraca XIII, onde ele, pessoalmente, fazia comentários perante centenas de peregrinos sobre seu maravilhoso sonho.

Os politiqueiros do campo começaram a se interessar pelo "profeta". Dois grupos opostos, um a favor da política de Pilsudski (o marechal polonês, que faleceu em 1935) e os seguidores de Sikorski (presidente do governo provisório polonês no exílio, em Londres), lutando entre si para conquistar para sua causa as almas dos prisioneiros, mandaram seus representantes para a barraca XIII.

Na pracinha em frente à barraca, perto dos magros e leais seguidores do "profeta", com olhos ardentes, começaram a aparecer gordos e bem nutridos coronéis, com cintilantes esporas nas botas bem engraxadas.

Com o tempo, a atmosfera da pracinha adquiria, cada vez mais, um aspecto festivo. A data da realização do sonho era prevista para o dia 4 de outubro, e já em setembro, um mês antes da "libertação", como previa o sonho, a psicose ganhou muita força.

Entrementes, o exército alemão ia para a frente dominando cidades e povoados russos, cujos nomes o *Oberkommando der Wehrmacht* anunciava nos comunicados. A situação piorava dia-a-dia, mas, no campo, mais e mais prisioneiros com alto ou médio grau de instrução submetiam-se à idiota e absurda ilusão de que, em poucas semanas, a liberdade cairia do céu. Contavam-se casos do passado sobre absurdas previsões e suas realizações. Os encontros matinais em frente à barraca XIII tornavam-se cada vez mais numerosos e mais festivos.

Enquanto isso, como sempre acontece nas situações místicas, cresceu a intolerância. Em algumas barracas o nome do "profeta" ganhou um culto quase que religioso, e se alguém se atrevesse a expressar suas dúvidas, era considerado traidor do Estado ou simplesmente chamado de "bolchevique".

Tendo como fundo essa loucura medieval, resultante da nostalgia dos prisioneiros, aconteceu na barraca XII A um episódio curioso, cuja vítima foi o capitão da reserva Br. Ele era um advogado da província e doutor formado em duas faculdades. Era um homem já de certa idade, meio acabado pela vida intensa que levara e doente de penosa *angina pectoris*. Ao mesmo tempo, o capitão Br gostava de semear pânico, fazendo fuxicos. Era hipocondríaco, e envenenava a vida do pessoal da barraca com seu incessante medo da morte e verdadeiras ou imaginárias dores. Por seu caráter cansativo, sua maldade cínica, o capitão Br não era benquisto na barraca.

No auge da psicose da fé, num milagre de libertação, o capitão Br aprofundou ainda mais o antagonismo contra si, com sua falta de fé no milagre do "profeta" Z. O capitão Br, embora da barraca judaica, não era judeu, fazendo parte do número de não-judeus necessários para completar os 150 prisioneiros que nela cabiam.

Os seguidores do "profeta" ficaram pasmos e decidiram vingar-se do descrente, pregando-lhe uma peça, o que fizeram, deve-se admitir, com muita perfídia: uma noite, dois jovens coronéis disseram em segredo ao capitão Br que o "profeta" parecia ter revelado aos seus mais íntimos um novo dado de seu sonho: no dia de libertação, morreria no campo um dos capitães mais velhos. A mentira foi cruel e acertada, mas nem mesmo os brincalhões imaginaram que tão culto capitão acreditaria nessa brincadeira.

O teimoso descrente entrou em pânico com a notícia, pois ela coincidia com seus próprios medos hipocondríacos.

Como um rato enlouquecido de medo, começou a correr pela barraca à procura de um conselho contra a terrível clarividência. A loucura desse cínico malicioso, acuado por uma brincadeira infantil, era ridícula e assustadora ao mesmo tempo. Quando nenhum argumento prático parecia convencê-lo, os colegas da barraca aconselharam-no a dirigir-se, ele mesmo, ao "profeta" e exigir explicações sobre a "nova cláusula" do sonho.

Durante dois dias, na esclerosada mente do capitão, travou-se uma luta entre o medo da morte e o medo de ser ridicularizado pelos colegas da barraca. O medo da morte venceu e o hipocondríaco careca, coitado, cabisbaixo, perante os olhares risonhos, trocou o quente casaco caseiro por um paletó de capitão do exército polonês, que só usava em ocasiões especiais, calçou botas de cano alto e foi para a frente da barraca XIII, falar com o "profeta" Z.

O "profeta" comportou-se com dignidade e não somente negou a existência de uma nova cláusula como, categoricamente, condenou as piadas e brincadeiras por conta de tão importante causa.

O capitão Br voltou para a barraca tranqüilizado, mas muito diferente. Por ter sido ridicularizado de tal maneira, algo no velho cínico alquebrou-se. Desde aquele episódio, evitava qualquer tipo de comentários sobre o "profeta" e o sonho milagroso.

O mês de setembro aproximava-se, a largos passos, do mês de outubro. Os dias que separavam o campo do milagre pareciam deslizar entre os dedos dos crentes, como as contas de um rosário. A cada dia, apesar dos acontecimentos contrários, crescia e espalhava-se pelo campo a desesperada crença de que o milagre aconteceria.

Chegou, afinal, o último dia, 3 de outubro. Nessa noite, as conversas não cessaram em todas as barracas. Durante as últimas horas, a atmosfera de psicose mexeu até com a paz das mentes mais equilibradas. Poucos tiveram vergonha de admitir, mas naquela noite não havia nenhum prisioneiro que em algum canto de sua alma não se iludisse de que, no dia seguinte, algo aconteceria.

Finalmente, o dia 4 de outubro chegou. Todos o aguardavam sem ter dormido a noite toda e... nada aconteceu. O céu não se abriu e nada aconteceu que perturbasse os vitoriosos exércitos de Hitler, que se aproximavam de Stalingrado. Sobre a cidade de Woldenberg não apareceram os anjos de bondade e não libertaram os prisioneiros de Offlag II C. Pelo contrário, naquele dia, o relato do *Oberkommando der Wehrmacht* sobre os acontecimentos das frentes de batalha foram lidos ainda com mais fanfarrice. Também os rostos dos guardas, que serviam aos prisioneiros como um instrumento a mais para reconhecimento da situação internacional, desesperavam-nos com sua tranqüilidade e calma. Somente bem de tarde, naquele dia, tornou-se claro para os prisioneiros que o milagre não aconteceria mais.

Como sob o efeito de uma varinha de condão, os prisioneiros acordaram do torpor e voltaram, envergonhados, à triste realidade. A maior vítima de tudo isso foi o próprio "profeta" Z, que, do alto pedestal de admiração e esperança, caiu no precipício do desapontamento, e despido do manto real, voltou a ser um mísero e insignificante prisioneiro magrela da barraca XIII. Nem a boina francesa de tanquista salvou-o da mísera insignificância.

No entanto, sobrou alguém para quem o coronel Z, apesar da queda, continuou a ser o infalível anunciante de cruéis castigos divinos. Durante a noite do dia 4 para o dia 5 de outubro, quando os mais ferrenhos fanáticos da fé no milagre pararam de acreditar que algo extraordinário ainda poderia acontecer, o infeliz Capitão Br, cínico, crítico e descrente, faleceu de repente devido a um ataque da *angina pectoris*, doença da qual sofreu durante muitos anos. Essa morte, supostamente provocada pela infuência psicológica do pobre hipocondríaco, foi, sem querer, a única vitória do "profeta" do campo. Seu sonho maravilhoso não conseguiu mudar os rumos da guerra mundial, mas a brincadeira inventada sobre uma revelação foi suficiente para acabar com a vida de um velho homem, atormentado pelo medo da morte.

Assim acabou a muito afamada história do maravilhoso sonho no Offlag II C. Essa história tão absurda, mesmo que pareça incrível, aconteceu realmente. Mas o enclausuramento de jovens relativamente sadios, por vários anos, numa gaiola de arame farpado, tinha mesmo que levar a inacreditáveis absurdos.

Esse acontecimento aprofundou ainda mais o medo de enlouquecer, entre tantos loucos e tanta loucura. Como libertar-se desse medo?

O pior não era o fato de haver dezenas de homens psiquicamente doentes, mas sim, o fato de todos os sete mil relativamente jovens e sadios prisioneiros, com pequenas exceções, carregarem consigo o eterno medo da loucura. E essa sensação não foi fácil de esquecer, por muitos anos ainda depois da guerra.

Os mais corajosos, moralmente mais fortes, tentavam levantar o ânimo de seus colegas. Esperavam que algo acontecesse na frente de batalha; esperavam que pelo menos uma derrota alemã ocorresse.

E, finalmente, aconteceu: No início do inverno de 1943, (entre o fim de janeiro e o início de fevereiro) o exército russo parou de recuar. O seu grande aliado, o frio, chegava. A Rússia, finalmente, começou a atacar. O ânimo retornou e até a fome parecia amenizar-se entre os prisioneiros. No café, bebia-se o café solúvel e discutiam-se as estratégias da guerra com mais intensidade.

Os prisioneiros acompanhavam as notícias dos jornais alemães, ouviam o rádio clandestino, e os sentinelas alemães traziam notícias em troca de alguns cigarros americanos. O ânimo chegou ao auge. Cantavam:

Chociaz czas nam wolno leci	apesar do tempo passar devagar
Niech zyje czterdziesty trzeci	viva o quadragésimo terceiro
Chociaz trzeci-glowe dam	embora o terceiro, apostarei a cabeça
To ostatni bedzie nam	que este será o último ano para nós aqui.

Foram encenadas várias peças teatrais, e uma sátira que sutilmente criticava a Igreja provocou discussões por muitas semanas, causando até a demissão dos dirigentes do teatro.

Dois dias depois chegou a notícia, pelo jornal alemão, da morte do general Sikorski. Muito popular entre os poloneses, ele representava o governo polonês no exílio, cuja central era em Londres.

Os prisioneiros declararam três dias de luto em honra ao general Sikorski, que os alemães chamavam de "marechal polonês" no exílio. Sikorski era muito respeitado, e para os poloneses sua presença dava a ilusão de que a Polônia não deixara de existir.

Com a mudança da diretoria do teatro, notou-se a diminuição do entusiasmo, não somente dos artistas, mas também dos espectadores. Os representantes dos prisioneiros pediram desculpas aos diretores anteriores do teatro, que haviam se demitido, pedindo que voltassem a seus postos, mas eles não queriam mais assumir a direção. Somente o fizeram, excepcionalmente, numa peça encenada no dia 19 de novembro, para recepcionar os 109 prisioneiros que acabavam de chegar ao Offlag II C – Woldenberg, depois da revolta de Varsóvia. Somente quando os russos continuaram a empurrar os alemães para o Oeste, obrigando-os a atravessar o rio Vístula, houve razão para euforia.

A Primeira Derrota Alemã em Stalingrado

O grande evento foi a derrota alemã em Stalingrado. Os russos cercaram os alemães dentro da cidade, junto com o general alemão von Paulus, forçando-os a se renderem e fazendo os primeiros cem mil prisioneiros alemães.

Somente os russos podiam agüentar o terrível frio do inverno gelado, que foi seu maior aliado. Os alemães não o suportaram. E, como o exército de Napoleão em 1812, os alemães também tiveram ali sua primeira derrota.

Com essa derrota, a Europa, toda sob ocupação alemã, ficou radiante. Os prisioneiros ficaram eufóricos, mas tal euforia tinha que ser disfarçada perante os alemães.

Com a tomada dos primeiros prisioneiros alemães pelos russos, cessou o assassinato e o maltrato de prisioneiros russos, que antes os alemães massacravam sem dó. Temerosos de represálias e vinganças, os alemães começaram a tratar os prisioneiros russos com mais humanidade. Mesmo assim, poucos prisioneiros sobreviveram ao cativeiro alemão.

Quando, afinal, os alemães começaram a recuar, toda a Europa começou a acreditar em sua derrota e no fim da guerra, apesar disso ser somente um começo do fim, pois a guerra duraria muito tempo ainda.

Nessa época, os prisioneiros poloneses no campo de Woldenberg faziam suas apostas: como a guerra seria dirigida; quais seriam os próximos passos dos alemães; dos russos, e quando, afinal, os aliados entrariam na guerra.

Na euforia de apostas e planejamentos das "manobras militares", o tempo parecia correr mais depressa. Ouviam-se bombardeios ao longe, escutavam-se notícias, e até o frio do inverno de 1944 parecia mais ameno. Assim passou a primavera e chegou o verão.

Em 4 de julho de 1944, dia do seu aniversário, Benjamin recebeu de sua mãe, do gueto de Litzmannstadt, um cartão de felicitações. Esse cartão, a última notícia que recebeu da mãe, Benjamin guardou no bolso e levou consigo para a Polônia (trazendo-o depois para o Brasil), como também o recibo de 140 marcos, último dinheiro que mandou do campo para a mãe no gueto. O recibo confirmava que a mãe estava no gueto ainda no dia 20 de julho, e que recebera o dinheiro. Apenas um mês mais tarde começou a liquidação do gueto de Litzmannstadt e o transporte para Auschwitz, ou outros terríveis campos de concentração, dos quais Benjamin não tinha conhecimento.

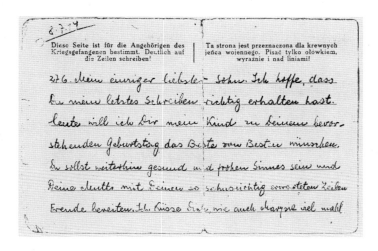

Tradução da última carta da mãe de Benjamin:

27 de junho (27/6). Meu querido e único filho. Espero que tenha recebido direitinho minha última carta. Hoje, minha criança, quero desejar-lhe, com a chegada do seu aniversário, o melhor do melhor, e que você continue com saúde e de bom espírito, e proporcione muita alegria à sua mãe com suas tão saudosamente esperadas linhas. Beijo-o, como também o faz a Marysia. Continue bem.

O recibo de 140 marcos alemães que a mãe de Benjamin recebeu no gueto de Litzmannstadt (Lódz), no dia 18 de abril de 1944.

AS DIFERENTES IDEOLOGIAS POLÍTICAS NO CAMPO

Os prisioneiros poloneses deram-se conta de que aquela guerra era também uma guerra de ideologias, e que havia chegado a hora de se organizarem grupos sociopolíticos e planejar a política da futura Polônia. No começo, as divisões por ideologias políticas no campo eram um tanto quanto desorientadas. Ninguém sabia em quem poderia confiar e quem seria seu adversário ou colaborador. Com o tempo, começaram a se formar organizações ideológicas. Com as vitórias da Rússia e a ocupação de parte da Polônia pelos russos, a esquerda do campo começou a fazer planos da futura organização política do país.

Antes da guerra, os esquerdistas, na Polônia, eram perseguidos e presos. O partido comunista tinha que viver na clandestinidade. Os políticos "perigosos" para o regime polonês, considerados de esquerda, eram perseguidos e condenados à Bereza Kartuska, uma prisão terrível, conhecida por seu desumano tratamento a prisioneiros políticos.

No campo de prisioneiros de Woldenberg, os esquerdistas também tinham que ser cautelosos, pois sabiam que os maiores inimigos dos alemães naquele momento, eram, e sempre foram, os odiados comunistas, os esquerdistas. Eles tinham que ser cuidadosos, pois os simpatizantes da direita eram muito numerosos e populares entre os prisioneiros. Também a "cúpula", os representantes dos prisioneiros, simpatizavam com a direita.

Os que se interressavam pelos diferentes idealismos mundiais podiam constatar que os prisioneiros em Woldenberg estavam divididos em muitos grupos e subgrupos, acreditando em ou simpatizando com diferentes idealismos. Essa divisão permaneceu até o fim da guerra.

No entanto, com a Rússia vencendo e empurrando os alemães para o outro lado do rio Vístula, os esquerdistas sentiam-se mais animados. O rio Vístula servira de divisão natural para a partilha da Polônia entre os russos e os alemães, durante o início da Segunda Grande Guerra Mundial, até o rompimento do pacto de não-agressão entre essas duas potências.

Os prisioneiros receberam notícias de que, do lado russo, na cidade de Lublin, formou-se um governo socialista polonês provisório. Essas notícias animadoras convenceram mais ainda os socialistas do campo de que o futuro regime polonês seria socialista.

Na barraca XVI, barraca dos cavalheiros-latifundiários, encontrava-se o capitão Grankowski, que se distinguia de todos os outros. Ele era um oficial por profissão, corajoso, cheio de verve e temperamento, condecorado já antes da guerra com a Cruz *Virtutis Militaris*. Parecia deslocado na barraca dos nobres da *szlachta* polonesa. Demonstrava abertamente sua simpatia pelas reformas sociais na Polônia e sua admiração pela União Soviética. Os "nobres" tratavam-no como a ovelha negra de sua barraca e começaram de boicotá-lo. Na movimentada e barulhenta barraca o capitão Grankowski estava só, isolado de todos, pois ninguém na barraca falava com ele.

Já desde o ano de 1942, um ano depois do rompimento do pacto de não-agressão entre a Alemanha e a Rússia, os homens da esquerda agrupavam-se e reuníam-se clandestinamente, pois deram-se conta do grande e perigoso poder de seu inimigo interno, os colegas poloneses do campo, direitistas e ferrenhos anti-comunistas. A eles pertenciam, naturalmente, os da barraca XV e XVI, os "nobres" – a *szlachta*, os latifundiários e os marinheiros. Os esquerdistas sabiam que eles eram capazes, ao perceber que o número de simpatizantes do regime russo estava crescendo, de chamar os alemães em seu auxílio e até de deixar fuzilar seus colegas esquerdistas, que consideravam traidores e inimigos da pátria.

Os esquerdistas tomavam muito cuidado. O grupo reunia-se sob o pretexto de assistir cursos de Economia Social. Mesmo sabendo que se tratava somente de teoria, pois a guerra ainda estava longe de acabar, não faltavam debates e discussões.

Um dia, no início de 1944, sem mais nem menos, os prisioneiros receberam novas fardas militares. Em várias entregas, com a mediação da Cruz Vermelha, o campo Offlag II C recebeu um régio presente, em forma de sete mil novos uniformes americanos. Eram uniformes bem cortados e bem acabados, com botões tão lustrosos que mais pareciam moedas de um quarto de dólar americano.

A generosa doação, vinda do outro lado do oceano, despertou nos prisioneiros a vaidade masculina esquecida havia muito tempo, ofendidos e desprezados que estavam com os ridículos uniformes do armazém do "camarada" *Kaczmarek*. Para os alfaiates do campo, começou uma época de muito trabalho, pois todos reformavam os novos uniformes para que lhes caíssem bem, como feitos sob medida.

Somente um dos colegas da barraca XII A, o muito popular coronel José F, chamado carinhosamente de "filósofo de trás do aquecedor", não mandou reformar seu uniforme e reagiu com ceticismo ao presente, depois de tantos anos a andarem quase esfarrapados.

– Estou curioso – dizia ele. Por que mandaram agora estes uniformes? Será que querem que, depois de libertados do campo, as mulheres alemãs corram atrás de mim? De alguma maneira, não posso acreditar nisso.

Todos os outros estavam irritados com a atitude ingrata do veterinário José F, e retrucavam que os uniformes novos foram mandados para que os prisioneiros não voltassem para casa esfarrapados. Mas o teimoso veterinário olhava seus colegas, como costumava olhar cavalos doentes, e com expressão de piedade encarava-os, dizendo:

– Eu insisto que algo está por trás desta doação.

Os uniformes influenciaram na disciplina, que havia tempos fora esquecida pelos prisioneiros, e agora pareciam ter-se tornado, novamente, um batalhão militar.

Entrementes, no mundo, a guerra continuava. Os russos prosseguiam na ofensiva e passaram o rio Bug. O exército regular polônes entrou na cidade de Lublin. Formou-se um Comitê Polonês de Libertação Nacional. Foi anunciado o manifesto de julho. E os representantes dos prisioneiros compartilharam esse manifesto. Mas, algumas semanas depois, os representantes dos prisioneiros chamaram o capitão Olszewski, homem gordinho, pacato, que jamais manifestara qualquer simpatia política, a não ser sua inclinação a favor de mudanças sociais na Polônia. Perguntado se reconhecia o novo governo polonês em Lublin, respondeu:

– Ao voltarmos para casa, poderemos comparar os regimes de governo e decidir qual deles é o melhor.

Com base nessa resposta, os juízes do Julgamento de Honra decidiram excluir o capitão Olszewski do corpo de oficiais poloneses, o que era considerado o maior castigo para um oficial.

Com esse episódio, o Offlag II C subiu mais um degrau na ordem da organização social. Já possuía a própria moeda, a própria economia, o próprio correio, o teatro e a universidade. Agora, ganhava mais: os próprios métodos de discriminação política, e os próprios meios de decidir quem deveria ser considerado traidor da pátria. Depois desse acontecimento, os esquerdistas passaram a ensinar seus membros e simpatizantes a proceder em caso de perguntas provocativas ou qualquer outro tipo de afronta.

Quase na mesma época, ocorreram dois casos desagradáveis, que podem ser considerados verdadeiras injustiças contra a honra de um oficial. Um membro da organização nacionalista ONR foi surpreendido quando punha na caixa de correio uma denúncia contra um oficial judeu, que até então conseguira esconder dos alemães sua ascendência judaica.

Outro coronel usou os fundos destinados para os órfãos e viúvas da Polônia. Esses transgressores, os juízes do Julgamento de Honra de Oficiais não castigaram nem excluíram do Corpo dos Oficiais.

Os esquerdistas não haviam sido, até então, chamados para responder perguntas provocativas, mas sentia-se que os nacionalistas do campo não haviam desistido da luta contra os "bolcheviques", e somente espreitavam uma possível oportunidade para atacá-los.

Começaram a se organizar grupos e subgrupos políticos, e pelas barracas espalhavam-se como insetos os "confidenciais", que, geralmente em pares, faziam as chamadas "listas negras". Especialmente popular tornou-se a organização do grêmio chamado *Dzwon* (sino), que espiava os esquerdistas e preparava listas com seus nomes. Os nacionalistas do grêmio de *Dzwon* faziam planos para o futuro governo polonês, e chegaram até a nomear seus ministros, excluindo, naturalmente, os esquerdistas e seus simpatizantes.

Os esquerdistas, por sua vez, prestavam esclarecimentos nas reuniões sobre o sistema do futuro governo que começava a se instalar na Polônia, na cidade de Lublin. Entre os esquerdistas, agruparam-se sociólogos, socialistas e professores, que eram a favor da reforma agrária e modernização do sistema de ensino, e outros que eram a favor da formação de cooperativas no campo. O trabalho de todos eles tornou-se muito difícil, devido à cada vez mais densa rede de espionagem dos nacionalistas. Apesar de todas as dificuldades, conseguiram penetrar, com seus esclarecimentos, em todos os cantos das barracas. Adam Uziemblo era um popular agitador, um ideologista apaixonado, que com sua personalidade carismática tornou-se o dirigente da esquerda, conseguindo conquistar a maioria no campo como seus seguidores.

Naquela atmosfera de excitação política, surgiu, repentinamente, uma nova propaganda nazista em forma de panfletos que os prisioneiros encontravam nas mesas, escritos em polonês, o que era uma novidade, porque, até então, os alemães dirigiam-se aos prisioneiros em alemão. Nesses panfletos, o governo alemão apelava a todos os habitantes da Europa para ficarem de prontidão em defesa da cultura européia, em face à invasão das hordas de bárbaros comunistas que vinham do Oriente. Depois de quase seis anos, aquela foi a primeira vez que a propaganda inimiga era dirigida aos prisioneiros em excelente polonês. Para eles, isso era um claro sinal do início do fim da guerra. Mas essa alegria foi logo apagada pelas cínicas observações do cético José F, que depois da leitura dos últimos panfletos, declarou:

– Agora, pelo menos sabemos por que recebemos os novos uniformes. É com eles que vamos defender a cultura européia. Vocês acharam que íamos voltar para casa? Podem tirar o cavalinho da chuva.

Algumas semanas mais tarde, ficou evidente que o cínico filósofo tinha razão, e suas previsões pessimistas se confirmaram.

O grupo de dirigentes do campo, que era a favor de marchar depois da libertação para o Ocidente, junto com os alemães, achando que já era tarde para debates, decidiu pôr tudo às claras. E o coronel St, em nome de todos (o mesmo coronel St que dirigiu o Fórum de Honra que condenou à morte o jovem Coronel B), declarou, após um *Zählappell*:

– Se os alemães decidirem-se a abandonar o campo, os prisioneiros marcharão com eles para o Ocidente.

A frase dita em tom autoritário espalhou-se como relâmpago pelo campo e provocou um turbilhão. Pois, ao longo de quase seis anos, nas mentes dos prisioneiros duas imagens inseparáveis formaram seu maior sonho: sair do campo e voltar para casa. O que parecia inseparável, agora, no entanto, transformava-se em duas idéias isoladas.

Os da direita, como se esperassem um sinal, começaram a propaganda a favor da marcha para o Ocidente. Formaram-se pequenos grupos conspiradores sussurrando sobre capturas, fuzilamentos, enquanto na sala de ginástica faziam-se exercícios militares às escondidas. A situação ia se tornando a cada dia mais tensa e perigosa. Sentia-se, no campo, cheiro de sangue, de julgamentos e aventuras irresponsáveis. E, o pior de tudo era que o coronel St estava à frente do grande contingente de favoráveis a marchar em direção ao Ocidente, ao encontro dos americanos. O coronel St tinha também grande influência sobre o mais velho do campo, de modo que toda declaração dele soava como uma ordem militar, sem apelação. O único consolo era que nem todos os dirigentes do campo pensavam como o coronel St.

O dirigente da parte do campo oriental, sob o comando do coronel Zielke, pensava de maneira diferente e jamais seguiria os alemães. Havia esperança de que, além do coronel Zielke, houvesse outros coronéis na direção que tivessem bom senso, formando uma maioria que desejasse voltar para casa. Mas, tudo isso deixava uma atmosfera de incerteza e inquietação para sete mil prisioneiros poloneses de guerra, vestidos em novos uniformes americanos, unidos por uma disciplina militar, subjugados às ordens e diretivas que o famigerado coronel St representava.

Não havia mais dúvida para ninguém que, se em certo momento o coronel St repetisse a ordem de seguir os alemães, qualquer tentativa de resistência seria esmagada e tratada como uma revolta militar, e que, depois de porem tudo em ordem, os homens do campo seguiriam os alemães para o Ocidente.

A única pessoa que poderia amenizar a situação tensa e prevenir as conseqüências ilógicas era o mais velho do campo daquela época, o general C. Para compreender bem quem era o general C, é preciso descrevê-lo e mostrá-lo a partir do que era capaz de fazer.

O general C chegou ao campo de Woldenberg vindo de um campo só para generais, situado na Áustria. Ele viera já nos últimos anos da guerra e fora recebido pelos sete mil prisioneiros com grande entusiasmo, emoção sincera e honras. Logo em seguida fora eleito o "mais velho do campo". Todos esperavam dele coisas novas e importantes. Dizia-se que fora mandado para o campo para cumprir uma missão especial.

Infelizmente, apenas algumas semanas depois, o general C perdera sua autoridade e os zombeteiros do campo chegaram a uma unânime conclusão: o general não fora mandado para cumprir missão alguma, apenas viera devido ao fato de os colegas do campo onde estivera não o suportarem mais. A queda de sua autoridade começou com uma largamente comentada visita sua a um médico do campo. O general C sentia-se doente e fora consultar o médico do campo, que era um médico modesto na vida civil, e que não conhecia nada sobre formalidades militares, pois provinha da reserva militar polonesa. Assim, para tranqüilizar o general, depois de tê-lo auscultado, disse-lhe com simplicidade:

– O senhor não precisa ter medo, o que o senhor tem não é nada grave.

A reação do general foi surpreendente: endireitou-se, empinou o peito e gritou furioso:

– Doutor coronel, como o senhor se atreve a dizer a um general do Exército Polonês para não ter medo. Um general polonês não tem medo de nada!

Essa e outras anedotas sobre o general C correram o campo. Mas, quando foram-lhe negados os chinelos de ginástica que a Cruz Vermelha havia mandado especialmente para os ginastas, o general C ofendeu-se com todos no campo e retirou-se para o canto que lhe fora destinado como o "mais velho do campo", e lá, sua principal ocupação tornou-se o jogo de cartas com o dentista. Isso é contado para que se tenha uma idéia de que tipo de pessoa tinha nas mãos o destino de sete mil prisioneiros.

As notícias de mudanças na situação da guerra, as vitórias dos aliados e as derrotas dos alemães – que os prisioneiros ouviam pelo rádio clandestino, ou sabiam por meio da leitura nas linhas dos jornais alemães, ou das notícias que os comandos de trabalho e os prisioneiros rasos traziam de fora do campo, ou que os parentes mandavam, camufladas nas cartas – tiveram sua influência no pensamento dos prisioneiros. Todo o campo sabia sobre as mudanças no mundo, da crescente autoridade e potência da Rússia comunista.

Os prisioneiros tiveram notícias sobre a existência de uma organização de patriotas poloneses na URSS e sobre o surgimento de Uniões do Exército Polonês no Oriente Europeu, o que era uma agradável surpresa para todos.

Os agrupamentos políticos do campo encaravam os novos problemas sabendo que deles dependeria o futuro mais próximo. Nas disputas constantes, a decidida maioria no campo declarava-se a favor da volta para casa e da ajuda na reconstrução do país.

Obedecendo à chamada histórica como o "mais velho do campo", o general C desligou-se do jogo de cartas e empenhou-se em decidir a grande jogada política. A espera de seu primeiro pronunciamento prendeu a respiração de todos os prisioneiros.

Afinal, depois de uma reunião secreta dos oficiais – chamados de "Guardiões do Ferro", os nacionalistas, que, juntos, exercitavam-se na sala de ginástica –, o general C pronunciou sua famosa primeira ordem, que soou mais ou menos assim:

– Espera-se, por esses dias, que o exército russo jogue armas de aviões para os prisioneiros poloneses. Essas armas não podem ser levantadas. Se alguém tentar fazê-lo, será severamente punido, pois isso será uma provocação dos "bolcheviques" do campo, que querem fazer os alemães fuzilarem todos os prisioneiros.

Se isso fosse dito por um alemão do *Lagerkommando*, os prisioneiros o aceitariam de bom grado, mas como foi dito por um general polonês, provocou inquietação e preocupação.

Os da esquerda, que eram a favor de voltar para casa e acabavam de ser chamados de bolcheviques, decidiram protestar abertamente contra o absurdo pronunciamento do general C.

Com o protesto veemente contra a ordem, pronunciaram-se primeiro os oficiais da elevação de Varsóvia, chamados o "grupo do coronel Rzepecki". Esse grupo, mais experiente e equilibrado, desde sua chegada ao campo introduzira conceitos lógicos mais reais, e desde o princípio fora contra a marcha para o Ocidente e outros planos aventureiros. A situação tornou-se muito perigosa, ameaçadora, e havia urgência em alertar todos no campo do iminente perigo que ameaçava os prisioneiros, ao serem envolvidos em aventuras que lhes dificultariam o retorno para casa. Elegeram, entre si, uma comissão, e decidiram enfrentar abertamente os oponentes políticos; para tanto, pediram a um dos colegas escritores, o coronel Marian Brandys, que escrevesse um artigo de alerta aos prisioneiros do perigo que os aguardava. Marian Brandys sabia escrever bem. Não era político, e escrevendo o artigo não pensava em política, mas tinha em mente as mulheres e os filhos que os aguardavam em casa, com saudades depois de tantos anos.

Depois que a comissão aprovasse o artigo, iria copiá-lo e distribuí-lo pelas barracas. Por sorte, não o fez. Na última hora mudou-se a decisão, pois descobriu-se que os nacionalistas esperavam apenas alguma prova por escrito para denunciá-los aos alemães e entregar também as listas "negras", que continham os nomes dos "comunistas".

Tudo o que havia de pior na Polônia e em seu exército já antes da guerra, como o obscurantismo e o fascismo, naquele pequeno mundo atrás do arame farpado tornou-se pior ainda e alcançou seu grau máximo.

Os homens de direita, em face da proximidade do comunismo, tornaram-se ainda mais retrógrados.

O fascismo polonês em Woldenberg parecia cada vez mais encher-se de sucos podres, crescendo como uma lata de conserva estragada, prestes a explodir a qualquer momento.

Os membros dos grupos políticos chamados *Sanacja* e *Endecja* representavam o fascismo. Infelizmente, os representantes dos prisioneiros perante as autoridades alemãs também pertenciam a eles. Porém, a maioria, a grande massa dos milhares de modestos subcoronéis, coronéis da reserva, professores, engenheiros, advogados, médicos e funcionários, que Hitler arrancara da vida normal e prendera por vários anos atrás do arame eletrificado, não eram fascistas.

Mas, a situação era perigosa e imprevisível, especialmente perigosa porque todos os dias viam-se aviões dos aliados sobrevoando o campo, e as sirenes avisavam a todos os prisioneiros que era hora de entrar nas barracas.

Diante dessa situação, os que queriam voltar para casa decidiram aguardar mais um pouco o confronto aberto e continuar a propaganda boca a boca, que haviam feito até então.

Os Preparativos Para a Saída do Campo

Já por alguns dias ouviam-se estouros de bombas ao longe, e os prisioneiros comentavam que os alemães estavam arrebentando gelo, no rio Notec, para dificultar a passagem do exército russo. Mas, como descobriram depois, tais estouros provinham das armadas da artilharia russa.

Sentia-se que algo estava acontecendo. Havia alguns dias não chegava mais correspondência. Depois, na *Kommandatur* faltavam jornais.

No dia 18 de janeiro de 1944 chegaram de Genebra 3.100 pares de calçados, que foram imediatamente distribuídos para os mais necessitados.

Chegavam diversas notícias, entre outras, que Varsóvia fora libertada. Tudo parecia bom demais para ser verdade.

Cochichava-se sobre a saída do campo a qualquer momento. Alguns começaram a se preparar para o caminho. Jogavam fora apetrechos acumulados, doavam para os colegas peças de roupa que possuíam em excesso.

Rasgavam papéis que se tornaram, de repente, inúteis e pesados; os livros, tão bem guardados, teriam que ser deixados para trás. As cadeirinhas que carregavam consigo quando iam assistir aulas ou conferências, tornaram-se pequenos trenós. De velhos cobertores, costuravam mochilas, consertavam malas e a atmosfera da "saída" estava no ar.

Os alemães, até a última hora, não disseram nada sobre a evacuação. Finalmente, em 24 de janeiro, depois de um dia pacato como qualquer outro, bem de tarde depois que fecharam as barracas, entrou o major alemão Mayerhofer e anunciou que, no dia seguinte, bem de madrugada, seria iniciada a saída do campo rumo ao Ocidente. Recomendou que os prisioneiros levassem consigo o menos possível de bagagem de mão, e o restante, deixassem empacotado, com endereço, que seria mandado depois, e também os bens comuns, como a biblioteca, deveriam ser empacotados e deixados para o transporte. Disse também que os doentes poderiam permanecer ou nas barracas ou no hospital do campo.

Aproximava-se o tão sonhado momento de abandonar o campo, ainda não para a liberdade, mas para fora do arame farpado e para, afinal, poder ver o campo do outro lado, do lado de fora, o que por tantos anos os prisioneiros sonharam.

Mesmo assim, todos estavam apreensivos, pois davam-se conta das dificuldades que os aguardavam, das surpresas que os esperavam e dos perigos que os ameaçavam. E, o pior de tudo, a saída seria atrás dos alemães para o Ocidente, como o queriam os fascistas.

Não é difícil de imaginar o que aconteceu nessa última noite: as barracas cheias de fumo, desordem e barulho, intensificado pelas constantes marteladas dos produtores de trenós que serviriam para carregar coisas das quais ainda era difícil separarem-se.

Naquela noite, todas as barracas fervilhavam: cozinhavam-se todos os alimentos guardados de reserva (para os "dias piores"). Cozinhava-se o tão cobiçado feijão, a *kasza*, a farinha e o toucinho. Os fogareiros, os famosos *kreciolki*, ficaram acesos a noite toda. O aquecedor, alimentado pela lenha das tábuas dos beliches, ardia, e o calor nas barracas tornou-se insuportável. Um queria ajudar o outro, e o coleguismo, muitas vezes negligenciado, evidenciou-se novamente.

Naquele momento podia-se ver as "posses" de cada um, como economizaram, como guardaram, na época em que os pacotes eram abundantes. Depois de cinco anos de vida sedentária, cada um possuía apetrechos dignos de um Robinson Crusoé.

A noite que antecedeu o abandono do campo parecia com a noite anterior ao grande dilúvio. Os prisioneiros do Offlag II C, como o patriarca Noé da Bíblia, faziam uma rápida revisão de suas posses e deixavam de lado apenas aquilo que podia ser levado para a marcha. Ao anoitecer, o interior das barracas assemelhava-se à bolsa de valores em pânico. As classes sociais de cada barraca pareciam igualar-se. Chegara a hora de perda para os ricos e de bonança para os esfomeados "vagabundos".

Os "pão-duros" maldiziam sua eterna precaução e começaram a tirar do fundo das malas montanhas inteiras de *kasza*, feijão, latas de gordura, de leite em pó, meio mofados, cigarros e conservas de carne de boi, que guardavam desde 1939.

Os heróis da noite tornaram-se os que não precisavam preocupar-se com o excesso de bagagem, pois não possuíam nada. Devoravam sempre tudo na hora, logo que recebiam, e nunca pensavam no dia de amanhã, igualmente como os infelizes jogadores de pôquer e de outros carteados. Os mais avaros, dos quais normalmente não se podia conseguir uma colher de *kasza* sequer, tornaram-se, nessa noite, os mais generosos e afáveis colegas, esbanjando a torto e a direito os mais preciosos tesouros que não conseguiriam empurrar nos trenós.

No começo, os atos de generosidade ocorreram na base da negociata: davam os alimentos aos colegas com a condição de que fossem recebê-los de volta, no próximo campo, do outro lado do rio Oder, para onde pensavam que seriam transportados.

Os eternamente esfomeados aceitavam tudo, sob qualquer condição, atordoados com tamanha bonança. Mas, com a abundante oferta, os que a recebiam começaram a ser mais exigentes e cautelosos. Depois da meia-noite, até a anteriormente cobiçada *kasza* provocava um riso cordial. Mais tarde, só aceitavam-se artigos mais valiosos e de fácil transporte, como café, açúcar e leite em pó.

Os estudiosos do campo desesperavam-se com a quantidade de livros que haviam acumulado durante todos aqueles anos. Os escritores enterravam seus manuscritos em potes de vidro, para salvá-los para as gerações futuras. O caos daquela última noite no campo foi aumentado devido ao incrível calor que fazia nas barracas, pois, como já foi dito, todas as tábuas dos beliches foram queimadas, de vingança pelos castigos aplicados aos prisioneiros quando os alemães descobriam que alguém queimara uma única tábua sequer.

Depois da meia-noite, quando todos já estavam quase prontos, com tudo empacotado, ao darem-se conta de quantos apetrechos acumulados deixariam para trás, começaram a visitar-se uns aos outros, despedir-se, pedir e dar conselhos, pedir desculpas e trocar endereços para "depois da guerra".

Os alemães distribuíram pão com margarina para o caminho.

Ninguém dormiu essa noite. Se existia um canto menos ruidoso, era aquele onde estavam agrupados, tomando o último café ou chá, os amigos que discutiam a situação geral e a estratégia que deveria ser tomada durante a penosa marcha.

Sabiam que não seria fácil preservar a vida, o que mais almejavam. Sabiam o que os alemães eram capazes de fazer como vitoriosos, e receavam do que seriam capazes como derrotados. E a derrota deles era iminente.

Que fazer? Segui-los? Esconder-se durante a parada? Eles estavam armados e podiam matar sem hesitação. Os prisioneiros sabiam que, infelizmente, para alguns dos que se haviam preparado tão cuidadosamente para a liberdade, aquela seria a última marcha.

Apesar de os alemães permitirem que os doentes ficassem no campo, havia muita apreensão sobre o destino deles; não sem razão, e, por isso, apenas 153 doentes ficaram no campo, sob os cuidados do médico, coronel Lucjan Piotrowski.

Assim, no dia 25 de janeiro de 1945, às 7 horas da manhã, todos os 6.500 prisioneiros estavam nas praças de *Zählappell* (*Marschbereit*) de prontidão para abandonar o campo, seguindo as ordens dos alemães.

Fora do Campo, sob Escolta Alemã

Pareceu incrível quando o tão sonhado momento tornou-se realidade e, pelos portões escancarados, após cinco anos e meio trancafiados, os prisioneiros saíram para a liberdade.

Infelizmente, a liberdade não se realizara como haviam imaginado em seus sonhos, durante os longos anos de cativeiro. Embora não estivesse na coluna próxima a eles, a presença do coronel St – instigador dos nacionalistas que desejava arrancá-los à força para longe da pátria, poupando-os do doloroso julgamento dos nacionalistas –, oprimia-os na triste marcha para o Ocidente, atrás dos alemães, distanciando-se de casa, fugindo da ofensiva russa que iria libertá-los. Contudo, nas primeiras horas de marcha não se podiam permitir a presença de pensamentos tristes.

Todos sabiam que os esperava uma longa marcha com destino ignorado, no impiedoso frio, rumo ao desconhecido hostil, coberto de gelo.

Depois do último *Zählappell* e mais alguns preparativos, divididos em três grupos, os prisioneiros começaram a ser escoltados através do portão principal, um após outro. Os primeiros a sair foram os batalhões da parte ocidental, começando pelo batalhão VI. Às 11 horas começaram a sair os batalhões da parte oriental do campo.

À frente de cada coluna marchavam comboios alemães, cerca de duzentos soldados. Dos lados, formando uma corrente em torno dos prisioneiros, marchavam os guardas. Entre as colunas ocidental e oriental, havia um reforçado número de guardas e muitos caminhões de munição e de materiais do campo. No final da coluna, marchavam os guarda-costas dos dirigentes, fortemente armados, e em alguns carros viajavam o comandante alemão, general Krieger, com sua equipe.

Desde a praça do *Zählappell*, os prisioneiros eram acompanhados por gritos e ameaças dos soldados dos comboios. Todo o tempo sofriam intimidações dos alemães, que ameaçavam atirar em qualquer um que atrasasse a marcha. Muitos dos sobreviventes dessa evacuação do campo recordam-se de terem visto os soldados alemães empurrando os lentos com pontas de baionetas, fazendo com que apressassem o passo. E, no fim da coluna, ouviam-se tiros.

Não se conhecem os nomes dos que pereceram durante o caminho, entre os dias 25 e 29 de janeiro. Os tiros talvez até tenham sido disparados só para aterrorizar os prisioneiros, porque é difícil de se imaginar que qualquer um deles arriscasse a vida de maneira tão estúpida, na última hora. Surgiram muitas oportunidades para os prisioneiros fugirem ou esconderem-se, já na primeira parada. Vários deles as aproveitaram, sobretudo porque na fuga eram ajudados por grande número de trabalhadores poloneses e de outras nacionalidades, forçados a trabalhar nas fazendas e sítios alemães, através dos quais foram levadas as colunas de prisioneiros.

O primeiro dia de marcha, uma quinta-feira, 25 de janeiro de 1945, foi um dia ensolorado, seco e brilhante de um frio que atingiu trinta graus abaixo de zero. Uma grossa camada de neve cobria os campos. E, assim, depois de tantos anos, os prisioneiros encontraram-se novamente em caminho aberto, normal. Passavam ao lado deles carros, caminhões, pessoas com roupas civis, sem fardas, coisa que não viam havia quase seis anos.

E... viram mulheres! Depois de tantos anos, os prisioneiros viram mulheres de verdade! Pareciam-lhes estranhas. Mesmo agasalhadas por causa do frio, pareciam delicadas e pequenas. A sensação era incrível, especialmente quando ouviram suas vozes. Vozes não ouvidas durante tantos anos, pareciam-lhes muito finas e nada naturais. Eram vozes tão altas e agudas, como se fossem gritos de ratos, e os prisioneiros comentavam entre si que era impossível que todas as mulheres tivessem vozes assim. Não era de estranhar, pois, durante longos anos, ouviram somente vozes masculinas.

No início, as colunas de prisioneiros foram conduzidas pela estrada principal que levava à cidade de Strzelce Krajeckie. Depois de ter percorrido alguns quilômetros, desceram por caminhos laterais, cobertos de neve, o que dificultava a marcha.

Das notícias que conseguiram colher dos soldados alemães, souberam que planejavam levá-los através da cidade de Gorzow Wielkopolski, até Kostrzyna, onde deveriam embarcar em vagões de trens e serem distribuídos para vários campos de prisioneiros dentro da Alemanha.

Por sorte, na frente de batalha oriental a situação para os alemães piorou e eles foram obrigados a mudar os planos. E já durante a marcha decidiu-se que os prisioneiros seriam levados para o norte, em direção a Berlinek-Pyrzyce-Stargard Szczecinski-Gryfino-Szczecin.

Depois de descerem por caminhos laterais, a marcha tornou-se cada vez mais penosa, devido à neve. Nem se podia pensar em preservar algum ritmo de marcha, apesar dos gritos e até dos tiros dos sentinelas. Aliás, também eles, felizmente, começavam a sentir o cansaço.

As colunas de prisioneiros começaram a alongar-se. Carregados como estavam, com bagagens nas costas ou nos trenós feitos de última hora, eles tinham que parar cada vez mais freqüentemente. Os pequenos trenós, que deviam facilitar a caminhada, agora atrapalhavam. Se logo no início da marcha não despencaram, agora machucavam os pés dos prisioneiros. Com pouca determinação, decidiram, então, diminuir sua bagagem. Começaram a jogar fora sabão, livros favoritos, instrumentos musicais e, depois, até as roupas de reserva.

Acalmavam a sede com neve, e a fome, com o que alguém possuísse à mão. Se alguém tinha um pouco de aveia, amassava-a com neve, adicionava, se tivesse, um pouco de açúcar e a refeição ficava pronta. Era logo devorada, sem que a marcha fosse detida.

Após as primeiras dezenas de quilômetros, os trenós começaram a despencar e um grandalhão alemão não deixou que fossem consertados. E os infelizes donos dos mantimentos foram, então, obrigados a abandonar seus bens para salvar suas vidas, pois o major atiraria sem piedade. Um dos prisioneiros, conhecido no campo todo como o maior comilão, também perdeu seus mantimentos no trenó que despencou diante do alemão perigoso, e o coitado entrou em estado de profundo desespero. Felizmente, mais à frente havia outras bagagens abandonadas, e o "comilão", aproveitando o distanciamento do alemão, agarrou um enorme e pesado pacote, jogando-o nos ombros. Feliz, carregou o precioso fardo por mais de vinte quilômetros, até a próxima parada. Apesar de ser conhecido por possuir uma incrível força, os amigos olharam-no com apreensão. Nos últimos quilômetros parecia andar com pernas moles como algodão, e apesar dos trinta graus abaixo de zero, o suor escorria-lhe pelo rosto. Porém, ele agüentou firme até o fim, carregando o pacote.

Já em completa escuridão, a coluna ocidental, depois de ter marchado 32 quilômentros, alcançou uma grande fazenda num local chamado Siegenfeld. O cansaço era tamanho que todos jogaram-se no chão onde estavam. Somente o "comilão" jogou o pesado fardo e, com um grito triunfal, exclamou:

– E agora, vamos à comilança!

Nervosamente, começou a abrir a pesada mala.

Minutos depois, ouviu-se seu terrível grito de raiva e desapontamento. Na mala encontravam-se livros alemães... Esse foi o único episódio cômico e ao mesmo tempo trágico durante a terrível marcha.

Para dormir, foram designados estábulos para os prisioneiros. O aperto era muito grande e não havia lugar para todos ficarem deitados. Além disso, não houve nenhuma refeição antes de dormir.

A outra parte dos prisioneiros seguiu para a fazenda Schönrade (Tuczno), não muito distante da primeira.

Depois dessa cansativa marcha, os dois grupos ficaram nos mesmos arredores durante os dias 26 e 27 de janeiro. Isso deu tempo não somente para um descanso e regeneração das forças, como também para que se organizasse uma refeição. Em alguns batalhões, os alemães distribuíram um pouco de pão, em outros, um pouco de batata cozida com casca. Muitos ficaram sem comida e sem poder aquecer-se no fogo, pois os alemães o apagavam para não serem vistos pelos aviões americanos que sobrevoavam o local.

Para dormir, os prisioneiros foram espalhados em vários estábulos vizinhos, e os sentinelas comunicavam-se entre si por telefone.

Os prisioneiros tiveram que suportar vários sofrimentos: estômago vazio, péssimos caminhos laterais cobertos de neve, ventos frios, buracos na neve e uma enorme fileira de trenós, que atrapalhava os movimentos. Na primeira parada, quando lhes foi permitido enterrar-se no feno, fizeram uma grande bobagem ao tirarem dos pés doloridos os sapatos e as botas. Durante a noite congelaram, e após o degelo, ficaram duros e cortavam os pés dos prisioneiros como facas.

Os sentinelas alemães quase não precisavam guardar os prisioneiros, pois o terrível frio encarregava-se disso. Alguns que haviam se desligado da coluna acabaram retornando a ela, pois, juntos, sentiam-se mais seguros. Aos atrasados e vagarosos espreitava a morte pelo frio. Uma dessas vítimas encontraram sentada na estrada, recostada no tronco duma árvore, coberta de geada e endurecida, como um monumento de um prisioneiro esculpido em mármore cinza. Os prisioneiros passaram cabisbaixos pelo morto. Não o reconheceram, mas isso serviu de alerta.

Depois de alguns dias dessa marcha desumana, que os prisioneiros só agüentavam por ter a alegria de ver o fim do

Terceiro Reich, com satisfação viram as estradas abarrotadas por refugiados assustados, que tão dolorosamente lembravam as estradas polonesas de setembro de 1939, no início da guerra. No dia 28 de janeiro, o grupo oriental conseguiu chegar à cidadezinha de Hasselbusch (Niesporowice), e no dia seguinte, apesar das pesadas nevascas e de terem que passar pelas estradas abarrotadas de fugitivos e soldados, alcançaram a cidadezinha de Berlinchen (Berlinek) e os estábulos da fazenda Deetz (Dziedziniec). O cansaço era indescritível. Começaram a cochichar entre si que aquilo não era uma evacuação, mas sim uma forma de liquidar os prisioneiros em massa. Houve casos de perda de consciência e desmaio de cansaço. Alguns tiveram alucinações. Numa dessas alucinações, alguém, vendo ao longe, numa janela, travesseiros vermelhos, começou a gritar que os russos estavam à frente, e toda a coluna acreditou. A realidade revelou-se tão dolorosa que perderam a fé de que um dia aquela terrível marcha chegasse ao fim. Sentiam que não conseguiriam prosseguir, e que suas casas ainda estavam muito longe. Alcançá-las parecia impossível.

Em Berlinek os prisioneiros foram alojados nos estábulos e em várias dependências da fazenda. Fazia muito frio, e os representantes dos prisioneiros conseguiram convencer os guardas da necessidade de preparar uma refeição para todos. Os prisioneiros prontificaram-se a ajudar no preparo da refeição quente.

O comandante alemão explicou que, por causa das dificuldades atmosféricas, teriam que permanecer em Deetz um pouco mais além do previsto. Os prisioneiros, cansados, ficaram contentes com a notícia, pois sabiam que os libertadores russos aproximavam-se.

No dia seguinte, os alemães, alarmados, acordaram os prisioneiros e ameaçaram atirar se não estivessem prontos para a marcha em poucos minutos. A sopa, meio cozida, que serviria de desjejum, foi jogada fora. Mas, quando os prisioneiros foram agrupados no gramado da fazenda e estavam quase prontos para prosseguir a marcha, sirenes de alarmes começaram a soar, e os alemães empurraram os prisioneiros de volta para dentro dos alojamentos.

No céu, desenrolou-se uma batalha de aviões, à qual os prisioneiros não puderam assistir por terem sido trancados nos alojamentos, não por segurança, mas para esconder a situação alemã dos russos.

Os acontecimentos seguintes desenrolaram-se inesperadamente, num relâmpago:

Uma coluna de tanques russos estava já nas proximidades de Deetz. Dois deles chegaram à chácara onde estavam os prisioneiros pelo lado de trás da floresta. O alemão que conduzia o comboio decidiu travar uma luta defensiva descabida. Durante a luta desigual, alguns oficiais poloneses ajudaram aos tanquistas russos. Os alemães que guardavam os prisioneiros foram vencidos, e entre eles, também, o comandante do campo, o general Krieger e sua equipe, que fugiram para a mata. Os tanques russos foram atrás deles, em direção das cidades de Lipian e Mysliborz.

Finalmente, os Primeiros Três Mil Libertados

A luta foi breve, mas muito trágica, especialmente para alguns prisioneiros. Uma granada explodiu no estábulo onde estavam amontoados. Eram, em sua maioria, da antiga cavalaria e marinheiros. No momento da explosão, muitos deles estavam sentados sobre andaimes que apoiavam o teto do estábulo, e foram esses os que mais sofreram. Seis deles perderam as pernas, três os braços, e quatro foram gravemente atingidos na barriga. Durante essa luta insana, na soleira da liberdade, morreram dezessete oficiais, e houve mais de trinta homens gravemente feridos.

Os colegas tentaram ajudá-los com tudo o que era disponível, mas, infelizmente, faltava muita coisa. Envolviam as feridas com tiras de lençóis e tentavam levar os feridos, com a ajuda dos tanquistas russos, até o hospital de Berlinek, onde já se encontravam médicos russos. Os médicos do campo de Woldenberg, major Molka, Antoni Vitold Lazarewicz, coronel Czernievicz, e mais alguns ajudaram aos colegas feridos com muita dedicação, apesar da falta de meios, pois o hospital fora improvisado nos aposentos de um convento. E os poucos prisioneiros que por ali passaram não desejavam demorar-se no hospital, pois queriam retornar para casa o mais rápido possível.

A volta para a Polônia desse grupinho de dedicados colegas e de feridos foi apressada graças à intervenção de um general russo, que deu ordens de evacuar a região, por temer-se uma reação dos alemães vencidos.

Assim, no dia 30 de janeiro de 1945, na cidadezinha de Dziedzice, três mil prisioneiros poloneses ficaram livres e, imediatamente, empreenderam o retorno para casa.

O Caminho de Volta

Aguardava-os ainda uma longa marcha, no intenso frio, mediante a fome e o perigo. Nesse grupo distinguiu-se, com admirável energia e senso de liderança, o coronel Stefan Zielke.

No caminho, encontraram muitos soldados alemães mortos, carros quebrados, cavalos mortos e enormes buracos feitos pelas bombas, carros e bicicletas abandonados, árvores queimadas e, freqüentemente, viam nos estábulos abandonados corpos pendurados de alemães suicidas.

Em grupos grandes e pequenos, utilizando todos os meios, bicicletas, trenós ou a pé, tentaram, primeiramente, sair dos arredores dos combates. Infelizmente, nem todos o conseguiram, e já quase em casa, alguns perderam a vida. Os colegas enterraram-nos, sobrando-lhes a triste missão de levar para suas famílias a trágica notícia.

A Libertação de Benjamin, no Grupo Ocidental

O grupo dos prisioneiros denominado no campo de ocidental foi dividido em dois. Desde o início, saíram em duas direções diferentes: os batalhões IV e V seguiram para Siegenfeld, e o VI para Breitenstein (Bobrowko). Esse grupo foi obrigado a seguir os alemães o dia inteiro, através de campos cobertos de neve, e somente na hora do crepúsculo alcançaram um grande estábulo abandonado, no meio de um enorme campo, perto de Rehfeld-Barnik. Ali, os alemães providenciaram para os mil prisioneiros um pouco de água quente e algumas batatas com casca, mas essa ração não foi suficiente para todos. Os prisioneiros foram obrigados a dormir no estábulo, uma choupana propriamente dita, com paredes de tábuas distantes umas das outras. No início, negaram-se a dormir naquele local praticamente sem proteção nenhuma contra o rigoroso frio. Mas os alemães obrigaram-nos a passar a noite ali, sob ameaça de fogo.

Os amigos da barraca XII A, a barraca judaica, tentaram ficar perto uns dos outros. O coronel Benjamin marchava bem perto de seu amigo Stanislaw Gutman, que sofria de tuberculose pulmonar, e apesar de estar enrolado num cachecol, perdia o fôlego no intenso frio. Muitas vezes tinha que ser amparado.

No dia seguinte, dia 29 de janeiro, a coluna ocidental passou, também como a oriental, pela cidadezinha de Berlinek, e distante dela uns quinze quilômetros, alcançou, já tarde da noite, a grande fazenda Schönow (Jesionowo). Lá, o comandante da coluna recebeu ordens de seu superior para continuar a marcha, mesmo no escuro da noite. Os prisioneiros negaram-se categoricamente a continuar, alegando excesso de cansaço e frio. O comandante alemão, depois de muitas disputas, ele mesmo abalado pelo cansaço, felizmente consentiu em parar ali durante a noite, mas sublinhou que a responsabilidade seria dos prisioneiros.

O dia seguinte, dia 30 de janeiro, amanheceu nublado, com neve miúda caindo e um frio cortante. De longe, ouviam-se tiros de canhões, de armas mecânicas, e o barulho das correias de tanques. Os alemães pretendiam marchar com os prisioneiros adiante, para o Ocidente, mas decidiram formar, ali mesmo, a defesa. E os guardas ocuparam seus lugares de prontidão. Por volta do meio-dia, o barulho dos tiros longínquos cessou, e os alemães declararam que continuariam a marcha para o Ocidente. Deram ordem aos prisioneiros para segui-los. Essa ordem deveria ter sido transmitida aos prisioneiros por seu "mais velho" nesse grupo, o coronel Czeslaw Szystowski.

Os prisioneiros não arredaram pé do local e decidiram permanecer ali mesmo. Quando, já quase desmaiados de cansaço e fome, estavam deitados no chão do estábulo sem feno, alguém gritou, de baixo, que havia batatas quentes nas mangedouras de porcos e que eles poderiam ir buscá-las. Todos estavam com muita fome, mas não tiveram forças para se levantar. Somente o "grandalhão", esfomeado, desceu e voltou, depois de meia hora, sem batatas, mas com uma notícia que recebeu dos trabalhadores da fazenda: no lugar onde o batalhão de prisioneiros passara a noite anterior, os russos já estavam aquartelados. Ninguém quis acreditar e jogaram sobre ele, furiosos, o que tinham na mão, gritando:

– Pare, pare seu mentiroso! Cale essa matraca mentirosa!

Logo depois, todos caíram num sono profundo, parecido com a morte. A seqüência da marcha estava prevista para as oito horas da manhã. O dia seguinte amanheceu ensolorado e frio. A maioria já havia saído do estábulo e só ficou um grupinho de amigos. O meio adormecido Adolf Adás Dab meditava sobre o laço arrancado de sua mochila, no monte de malas, encolhido de frio.

Taciturno e pensativo, movia-se para trás e para a frente, o "estrategista" do campo Alexander Rosenzweig. Durante os cinco anos de Woldenberg, Alexander prometera a seus amigos que, sem nenhuma dúvida, nos feriados estariam em casa. Agora, esgotado da longa marcha, caiu em profundo pessimismo:

– Parece-me que isso já é o fim de nossa marcha, nem se fala em poder mais andar.

Disse Adolf Adás:

– Sabem rapazes...

De repente, interrompeu-o Alexander (Olek):

– Eu tenho na mochila um pouco de café solúvel, embaixo estão dando água fervida. Fim, ou não, podemos tomar um café.

Todos se animaram, como se desse café dependesse a salvação. Dois desceram para buscar a água quente. O quintal da fazenda estava cheio de prisioneiros e soldados alemães. Todos pisavam num pé e noutro, tentando aquecer-se, e pareciam estar esperando por algo. Em toda a fazenda reinava uma quietude enervante, como no quarto de um doente terminal. De repente, perceberam detalhes curiosos: os oficiais alemães traziam granadas nos cintos, presas em longos cabos de madeira. Na frente do estábulo onde haviam dormido os marinheiros estava um pesado canhão, pronto para atirar. No terracinho, do outro lado do quintal, as autoridades alemãs estavam reunidas. Podia-se reconhecer o alemão Daumann de *Abwehrabteilung*, que gesticulava excitadamente. Ao lado dele estava o general barrigudo, que com a luneta na mão escrutinava, a sua frente, os campos cobertos de neve. Apareceu também, o *Parteigenosse Kaczmarek*, que sentindo-se observado pelos prisioneiros, tocou com a mão a viseira, como querendo cumprimentá-los.

– Sim, isso já é o fim – disse Adás, convencido diante da cena que presenciava.

Na frente do tambor de água fervente havia uma fila de prisioneiros. Ninguém conversava. Algo estranho estava no ar. O nervosismo era geral. Perto da porta do estábulo estava um velho sentinela de Landssturm, visivelmente bêbado, e para todas as perguntas dos prisioneiros respondia como um autômato:

– *Alles Kaput. Alles Dreck* (Tudo está estragado, tudo merda) e o queixo coberto por uma barba branca, por fazer, tremia-lhe em espasmos.

De repente, o céu tranqüilo estremeceu. Sem se saber de onde, nele surgiram sete pequenas bolinhas brancas – visivelmente, tiros de algum canhão. Desde 1939 nenhum dos prisioneiros os havia visto. Pareciam um bando de morcegos, que logo desapareceu.

– Ouçam – disse cautelosamente Adás Dab. – Se há balas, é porque deve haver um tanque por perto.
– Não fale bobagem – retrucou o amigo irritado. – Como você pode saber isso? Virou um novo estrategista, de repente?

Alguns minutos depois, quando chegaram com a água já fria, e iam pegar o café na mochila de Olek, um tiro sacudiu o ar e soou nos ouvidos como cem canhões, mas os prisioneiros portaram-se como se não o houvessem escutado. Dominados por uma sensação de loucura, procuravam na mochila o café que desaparecera, como de propósito. Todos queriam encontrar o café. Um berrava com o outro e as palavras incompreensíveis morriam sob o estrondoso ruído de tiros de canhões. Parecia que o mundo estava desabando e que somente o café podia salvá-lo.

Afinal, acharam-no. Com as canecas apertadas perto dos lábios, tentavam engolir o líquido frio e não o conseguiam. Os dentes tremendo, tilintavam, batendo no metal dos cantis. A água fria, com o café mal-dissolvido, escorria-lhes pelos queixos. Uma forte lufada de ar derrubou-lhes os cantis das mãos e um barrulho ensurdecedor os fez perder a audição. Somente então atreveram-se a olhar pela janelinha. Do lado esquerdo do estábulo, logo abaixo deles, havia um grosso muro de tijolos, e... de súbito, aconteceu algo que só acontece em filmes: o muro que escondia o campo de batalha caiu à vista de todos, como cubinhos de brinquedo empurrados por uma mãozinha de criança. Por cima dos tijolos derrubados, apareceu um enorme tanque preto sem insígnia nenhuma. Aí, talvez por medo de ter falsas esperanças, os prisioneiros começaram a gritar:

— É alemão, é alemão, certamente é um tanque alemão!.

A tampa do tanque levantou-se. Surgiu dela a cabeça de um homem, vestido com um uniforme preto. Pela primeira vez, os prisioneiros ouviram a voz alegre de um tanquista russo...

— *Zdrastvitie*! (Salvem!)

Os alemães haviam fechado o estábulo com os prisioneiros dentro e fugiram; uma parte nos trenós e carros, e outro grupo a pé, em direção aos campos, sendo perseguidos pelos tiros dos tanques russos.

Assim, na chácara Schönow, na terça-feira, dia 30 de janeiro de 1945, os alemães abandonaram o batalhão VI do grupo ocidental e mais de mil prisioneiros ficaram livres, desta vez sem perdas de vidas e sem feridos. Nesse grupo estava o coronel Benjamin Herson com seus amigos da barraca XII A, a barraca judaica.

Não sabiam se riam ou choravam de alegria. O mais velho designado pelo grupo, o coronel Szystowski, recomendou primeiramente calma e ordem e que ninguém empreendesse nenhum ato por conta própria, por haver perigo de os soldados alemães em fuga ainda estarem por perto.

Ele pensou que em grupo maior e unido seria mais fácil alcançar a Polônia. Celebraram esse momento solene chorando e cantando o hino polonês. À tarde, organizaram uma refeição reforçada para todos. Depois dela, um descanso, e no dia seguinte, bem de madrugada, saíram marchando da cidadezinha de Berlinek em direção ao Oriente, em direção à Polônia. O batalhão dividiu-se, aos poucos, em grupos menores, e parte deles chegou à cidade de Gniezno, na Polônia. A prática mostrou que, em pequenos grupos de quatro ou cinco, era mais fácil serem acolhidos nas pequenas fazendas. Os poloneses recebiam cordialmente os soldados-prisioneiros de guerra. Nessas paradas surgiram amizades e até namoros.

Os batalhões IV e V não tiveram a mesma sorte, pois marcharam para o Ocidente com os alemães, que não os abandonaram. Uma parte foi libertada só bem mais tarde, pelos ingleses. Um grupo voltou para a Polônia só no ano seguinte, no mês de maio, outra parte foi libertada bem depois pelos americanos, enquanto o grupo de Benjamin alcançou Lodz (Litzmannstadt) em meados de fevereiro de 1945.

Em Lodz

Isolados por tantos anos no campo de prisioneiros de Woldenberg, os homens não sabiam o que havia acontecido com suas famílias. Benjamin imaginou que sua mãe tivesse voltado do gueto, de onde recebera em julho de 1944 o último cartão, para a casa onde morava antes. Deixou seus amigos no hotel que lhes fora designado pelas autoridades provisórias polonesas e correu para a rua Piotrkowska. Todos olhavam para ele, na rua, não entendendo para onde corria aquele oficial alto de longo casaco, que lhe chegava até os tornozelos.

Benjamin, chegando sem fôlego ao número 33 da rua, já de baixo gritou:

– Mamãe, mamãe voltei.

Subiu a escada pulando os degraus de três em três, e afinal, ao alcançar a porta com a qual tantos anos sonhara, empurrou-a, sem mesmo bater.

No entanto, a sua frente surgiu uma mulher estranha.

– E a minha mãe? – perguntou Benjamin.
– Quem é a sua mãe? – perguntou atônita a mulher desconhecida.

Benjamin deixou-a parada e foi entrando pelo apartamento. Tudo era estranho. Móveis diferentes. Objetos diferentes. Será que tinha se enganado, errara o endereço?!

– Aqui é a rua Piotrkowska 33? – perguntou à estranha mulher.
– É – respondeu ela. – Quem o senhor está procurando?
– Estou procurando a senhora Roma Herson, minha mãe.
– Judia?
– É.
– Meu Deus! Então o senhor estava na lua e não sabe nada sobre o que aconteceu com os judeus daqui? Pois ninguém voltou.
– Voltou de onde? Minha mãe estava no gueto. Recebi um cartão dela em julho, pelo meu aniversário.
– Pois, em agosto, o gueto foi liquidado e todos foram levados para Auschwitz. E, de lá, até hoje, ninguém voltou. Eu já moro neste apartamento há alguns meses, desde que os alemães que residiam nele fugiram. Os russos chegaram no fim de dezembro. Mas os alemães fugiram um mês antes e levaram consigo tudo do apartamento. A prefeitura do governo provisório polonês deu-nos este apartamento. Espero que

o senhor não vá querê-lo de volta logo. O senhor vai? – disse a mulher, meio assustada.

Benjamin estava tão atordoado que nem ouviu o que ela falava. Não respondeu nada, e com passos pesados, começou a descer os degraus da escada. Encostou a cabeça no corrimão, pelo qual tantas vezes deslizara; e chorou convulsivamente.

As lágrimas corriam por seu rosto e ele não soube para onde ir. Durante cinco anos e meio esperara para abraçar sua mãe. Naquele momento, com os braços caídos ao longo do corpo, cambaleava sem rumo. Estava na Aleia Kosciuszki, bem perto da rua Piotrkowska. Empurrou com a manga do casaco a neve de um banco e sentou-se. Escurecia e esfriava. Quando, depois de certo tempo, quis levantar-se, o casaco ficou grudado no gelo que se formara sob ele. Não foi fácil desgrudá-lo.

Para onde ir, então? Durante cinco anos e meio sonhara ficar só com a mãe, em casa, sem o barulho dos outros a sua volta, e, de repente, sentiu-se só e abandonado. O que poderia ter acontecido com a sua querida mãe? Ela estava junto com a tia Marysia. Será que as duas estariam escondidas nalgum lugar e ainda não tinham conseguido voltar para casa?!

– Não devo acreditar no pior. Não devo perder a esperança – tentava convencer-se sozinho.

Com passos lentos e cabisbaixo, Benjamin chegou ao hotel. Lá estavam seus companheiros de cinco anos de cativeiro. Todos estavam com os olhos vermelhos de tanto chorar e com tristes histórias para contar.

O cansaço de vários dias de marcha "para casa", a dor por não ter mais casa, nem família, desanimou a todos ao ponto deles caírem nas camas e dormirem vários dias, sem vontade de levantar.

Depois de alguns dias, os que tinham parentes em outras cidades decidiram viajar para lá e procurar, quem sabe, alguém que soubesse algo do paradeiro de seus mais próximos.

O amigo de Benjamin, Stanislaw Gutman, foi para as montanhas recuperar-se da tuberculose. Sobre ele saberemos mais adiante.

Stefan Askanas, o sócio de Benjamin no empreendimento do chuveiro quente no campo, foi para Varsóvia à procura de seu irmão médico. Assim, o grupinho de companheiros começava a minguar.

A administração da cidade ainda estava um verdadeiro caos. A provisão de alimentos encontrava-se em completa desordem. Faltava de tudo e a população passava fome. Os mantimentos tiveram de ser racionados. Foram distribuídos cupons para o pão, leite, açúcar e carne. Mas os ex-prisioneiros tiveram um atendimento especial. Receberam, além de alimentação no hotel, talões especiais que lhes davam direito de retirar, numa loja que pertencia ao governo, vários quilos de carne e outros produtos alimentícios, que naquela época de fome representavam verdadeiros tesouros.

Benjamin, com seus colegas que moravam antes da guerra em Lodz, ia todos os dias à Sociedade da Comunidade Judaica para ver as listas das pessoas que retornaram.

A Sociedade da Comunidade Judaica era formada por pessoas que conseguiram esconder-se no gueto durante a liquidação e que escaparam da deportação. Eles contavam horrores da época da liquidação do gueto. Trabalhavam na Sociedade voluntariamente, desde a manhã até a noite, recebendo as pessoas que retornavam esgotadas, alquebradas física e psiquicamente.

Benjamin, com seu grupinho de amigos cada vez menor, voltava abatido para o hotel. Passaram-se vários dias, até que soube que um grupo de moças, entre dezoito e vinte anos, retornara e morava na rua Piotrkowska. E, por incrível que pareça, o número do prédio era 33! Só que estavam num andar diferente do apartamento da mãe de Benjamin.

Era um grupo de dez amigas, que tinham voltado juntas, a pé, da Alemanha, puxando em dois trenós duas delas, que estavam muito doentes. Depois que chegaram, afinal, à cidade de Lodz, esgotadas, foram recebidas por exclamações de algumas polonesas:

– *Zydóweczki wrocily!* (As judiazinhas voltaram!)

Nenhuma delas ofereceu sequer um copo de água.

Inicialmente, ficaram na casa de um dos membros da Sociedade Judaica, e depois de alguns dias, foram alojadas num apartamento, no número 33 da rua Piotrkowska.

Lá, depois da decepção de não ter encontrado ninguém de suas famílias, várias adoeceram. Deve-se aqui tentar compreender o que somente os que sobreviveram aos horrores compreendem: enquanto durou a guerra e o perigo constante pairava sobre suas cabeças, as pessoas só pensavam em sobreviver; mas quando a guerra acabou e ao redor viam gente, famílias, deram-se conta de sua tragédia e de sua solidão. Ninguém das famílias voltara, e o grupinho das moças sobreviventes de Auschwitz bem sabia do seu paradeiro.

Benjamin, na esperança de que talvez alguma delas soubesse algo sobre sua mãe e sua tia, foi visitá-las. Infelizmente, elas não puderam dar-lhe notícia alguma. Além disso, sabendo que ele perdera a mãe, não queriam contar nada sobre os campos onde estiveram.

Benjamin decidiu trazer-lhes os mantimentos que podia obter por meio dos seus talões especiais. Voltou depois de alguns dias, junto com seu amigo Philip Wexler. Ambos chegaram carregados de pacotes e pacotinhos. Trouxeram carne, farinha, *kasza* (trigo sarraceno), muito popular na Polônia. Mas as moças, mesmo esfomeadas, aceitaram os mantimentos com a condição de que Benjamin, com seus colegas, viessem comê-los com elas.

Assim começou uma linda amizade.

Benjamin apaixonou-se por uma das jovens, e apesar da diferença de quase quatorze anos de idade, depois de seis semanas declarou que queria casar-se com ela.

Todos os dias uma delas ia para a frente da Comunidade Judaica, para ver se alguém da família ou algum conhecido voltara, e todos os dias alguém esfomeado e alquebrado, mesmo desconhecido, era convidado para uma refeição. Passaram-se dias e semanas, mas ninguém das famílias voltou. O grupo das moças dividiu-se. Quatro delas eram irmãs, e milagrosamente haviam sobrevivido juntas; eram húngaras e decidiram voltar para a Hungria, na esperança de lá encontrar alguém da família. Outras foram convidadas por alguns colegas de Benjamin para repartir com eles um grande apartamento que receberam e, dessa maneira, formar algo que parecesse uma família. Os dois grupos de moças e amigos de Benjamim encontravam-se muito. Um dos colegas, o advogado Ceranka, que perdera toda a família no gueto de Varsóvia, possuía uma voz linda, e quando cantava para o grupo, as lágrimas escorriam-lhe pela face e as paredes pareciam tremer de emoção. Eram noites inesquecíveis de dor, lágrimas e calor humano.

Com o tempo, cada um, melhor ou pior, encontrou seu rumo.

BENJAMIN, DESTINADO PARA CONSTANZA – ROMÊNIA

Benjamin, formado em Direito, era, antes da guerra, gerente da empresa Towarzystwo Pólnocne em Gdynia, especializada em carregamentos marítimos. Foi convidado pelo governo provisório polonês da época para ir para Constanza, porto da Romênia, onde seria encarregado de receber os transportes de navios que vinham com bens da UNRA e, depois, despachá-los por trens para a Polônia. A ajuda americana do plano Marshal para os países vitimados pela guerra vinha da América do Norte para a Romênia, porque o porto polonês de Gdynia ainda estava em guerra. Era maio de 1945 e faltavam praticamente dias para o fim oficial da guerra, mas, no norte da Polônia, ela ainda continuava. Benjamin, com passaporte diplomático, foi assumir o cargo via Moscou para Bucareste e depois para Constanza.

Porém temendo que a namorada não pudesse segui-lo, ao tirar o passaporte declarou-se casado, pensando que trazer uma esposa seria mais fácil do que uma namorada.

    Isso causou-lhes problemas quando decidiram casar-se de verdade, pois Benjamin declarara ser casado. Depois de meio ano de trabalho exaustivo no porto de Constanza, Benjamin conseguiu que um dos soldados poloneses dos comboios que acompanhavam os trens com bens para a Polônia, o coronel Marciniak, se prontificasse a trazer sua futura esposa de Lodz para Bucareste, o que seria uma viagem muito arriscada, pois ela não recebera do governo comunista polonês da época permissão de deixar a Polônia, e teriam que atravessar as fronteiras até a Romênia clandestinamente. Os trens da Alemanha para a Rússia iam carregados de maquinarias de todos os tipos. Os russos carregavam da Alemanha tudo que podiam: máquinas, móveis, carros, bicicletas, enfim, tudo que era possível. A viagem pela Tchecoslováquia, Hungria até Romênia levou sete dias e seis noites, passadas no chão de todos os tipos de trens. Eles viajavam de dia e escondiam-se à noite, pois temiam não perceber, durante a noite, a passagem do trem pela fronteira e acabarem na Rússia. Afinal, depois de uma semana, alcançaram Bucareste. Marciniak procurou um quarto num hotel, mas o recepcionista disse-lhe que o hotel estava lotadíssimo, ocupado por soldados russos. Por sorte, perto dele estava um oficial romeno bêbado, que com voz embriagada, disse:

– Eu confio na honra de um oficial polonês. Vou ceder-lhe, por uma noite, meu apartamento, com a condição de que no dia seguinte deixe a chave na portaria deste hotel.

Marciniak não pôde crer no que ouvia. Agradeceu, e foram de táxi para o apartamento. De lá, Marciniak telefonou para Benjamin, comunicando a chegada. No dia seguinte, Benjamin foi ao feliz encontro. E, depois de entregarem, com muitos agradecimentos, a chave no hotel, rumaram para Constanza.

Em Constanza, num quarto alugado de um casal romeno, iniciaram a vida conjugal. Sem família, entre estranhos, sem conhecimento da língua, e frente aos costumes diferentes, o casal parecia inseparável.

A Romênia não sofrera tanta devastação pela guerra quanto os outros países da Europa. Não faltava comida. Tinham frutas em abundância, uvas maravilhosas de várias qualidades. Especialmente saborosos eram os "dedos de *domnishora*" – (dedos de senhorita), uvas brancas, grandes, compridas, deliciosas. O país não sofrera bombardeios, não se viam casas destruídas. A Romênia fora, antes da guerra, um país rico, pois possuía petróleo.

Benjamin encontrou em Bucareste um parente seu distante, Julian, que o recebeu carinhosamente. Freqüentaram em Lodz o mesmo ginásio, só que Julian era cinco anos mais velho e emigrara da Polônia para Bucareste, com os pais, alguns anos antes da guerra. Benjamin ficou feliz por tê-lo encontrado. Apresentou Julian a sua jovem esposa e este convidou o casal para sua casa em Bucareste e apresentou-o à grande turma de amigos. Foram noites inesquecíveis. Todos sobreviveram à guerra em Bucareste e contaram suas histórias. Lá, os judeus sentiram certas restrições, mas, em comparação com o que aconteceu na Polônia, a Romênia era um paraíso.

O pai de Julian, homem enérgico e empreendedor, possuía em Bucareste uma grande fábrica têxtil chamada Jacard, e prevendo as dificuldades com a iminente invasão da Alemanha, fora para a Inglaterra, alguns anos antes da guerra, e lá organizara uma fábrica de tecidos de náilon, que era novidade naquele tempo. A fábrica chamava-se Qualitex e prosperava muito. Julian, junto a um sócio, ficou em Bucareste encarregado de dirigir a fábrica Jacard, e até possuía um motorista particular. Mas, a cada dia, surgiam mais dificuldades e restrições aos proprietários judeus.

Os amigos de Julian levavam uma vida relativamente boa, e visitavam-se sempre uns aos outros. Em Bucareste não havia gueto, e subornando os guardas e policiais romenos, as famílias judaicas sobreviveram à guerra em relativa paz.

Quando a guerra acabou, Julian vendeu o que sobrou da fábrica Jacard e planejava sua transferência para a Inglaterra, onde se encontravam o pai, o irmão e sua noiva.

Um dia, Benjamin entregou uma carta para um marinheiro polonês que trabalhava num navio americano, dirigida ao pintor Artur Szyk, pedindo que comunicasse ao seu primo, também Benjamin, e sobrinho do pintor, seu endereço em Constanza. Artur Szyk era um pintor renomado, e sua esposa, Julia, era irmã da mãe do primo de Benjamin.

Não demorou muito e chegou uma carta do primo informando que ele morava no Brasil, no Rio de Janeiro, e trabalhava numa firma que negociava pedras semi-preciosas brasileiras com a América do Norte. Na carta, perguntava se Benjamin gostaria de ir para o Brasil.

Naturalmente, era o que ele queria. Especialmente porque o porto de Gdynia estava sendo recuperado e reconstruído e as cargas poderiam logo ser mandadas para lá e não mais para Constanza. Também, Benjamin não tinha vontade de viver na Polônia comunista. O primo Benjamin, do Rio de Janeiro, começou a providenciar um visto para o Brasil para o seu primo e a esposa. Entrementes, as instalações polonesas em Constanza foram sendo liquidadas sob os cuidados de Benjamin, e o casal preparava-se para a longa viagem para o Brasil. O querido Julian de Bucareste previa a solidão que sentiria sem o casal, e apressava sua partida para a Inglaterra, via Paris.

O Visto e a Viagem
Para o Brasil

O casal tinha pouca bagagem, e graças à promessa, por escrito, do visto para o Brasil que os aguardaria em Lion, puderam entrar na França, enquanto muitos outros passageiros do trem eram barrados na fronteira. Chegando a Paris, foram para o velho hotel Home Pergolés, perto de Bois de Bologne. No hotel, moravam somente imigrantes, todos esperando ou um visto de saída da França para a Austrália, Bolívia, Canadá e outros países, ou um lugar nos navios, para os quais havia longa espera por uma vaga. Havia tanta gente querendo ir embora que parecia que todos desejavam abandonar a Europa e suas tristes lembranças.

Enquanto o casal aguardava um lugar reservado no navio, adiou a viagem para Lion e a retirada do visto para o

Brasil, pois não se sabia quanto tempo levariam à espera de uma vaga e a validade do visto poderia expirar.

Era inverno, e o frio em Paris estava bastante ameno. A cidade era deslumbrante, com suas magníficas vitrines, o Arco do Triunfo, o Champs Elisé, L'Operá, Rue Royal e a linda Bois de Bologne. Paris não tinha sofrido bombardeios durante a guerra, e os franceses não-judeus não pareciam ter sofrido muito.

O casal tinha pouco dinheiro. Precisavam fazer muitas economias, pois não sabiam por quanto tempo permaneceriam em Paris. Tudo era caro, e os dois só podiam olhar as coisas maravilhosas nas vitrines e sonhar que talvez um dia pudessem voltar como turistas a Paris, apreciar as coisas bonitas e comprá-las. Tudo eram sonhos naqueles tempos de pós-guerra.

Julian veio para Paris da Romênia, e o pai e a noiva, da Inglaterra. Todos eles moravam no Hotel Continental e encontravam-se todos os dias, com alegria. Os dias de espera por uma vaga no navio não pareciam mais tão demorados, e, finalmente, no início de janeiro de 1947, receberam a notícia de que havia dois lugares no navio Campana. Ficaram radiantes. O pouco dinheiro estava minguando e não queriam pedir mais empréstimos ao primo, já que fora ele quem pagara a passagem de travessia pelo oceano, embora tivessem decidido que seria apenas um empréstimo e que um dia devolveriam o dinheiro ao primo "Benjamin do Rio de Janeiro", como o chamavam.

Chegou a hora de tirar o visto no consulado brasileiro de Lion. Benjamin foi sozinho, porque duas passagens sairiam caras demais ao casal.

O cônsul olhou os passaportes, os documentos do Brasil e, vendo tudo em ordem, ergueu o carimbo, mas antes de estampá-lo no passaporte, perguntou:

– E sua religião, senhor Benjamin?
– Sou judeu – respondeu ele.

O cônsul quase teve um desmaio. Fez o sinal da cruz em seu peito, virou os olhos para o céu e disse com a voz embargada de emoção:

– Sinto muito, senhor Benjamin, mas nós temos ordens expressas de não emitir vistos brasileiros para judeus.

Benjamin não pôde crer no que estava ouvindo. Depois de toda essa guerra, depois de tudo que sofrera, podia ser verdade o que acabara de ouvir?! Dava para acreditar que aquilo fosse verdade?!
Incrédulo, Benjamim somente balbuciou:

– Isso é possível?! O senhor tem certeza?
– Infelizmente, tenho – respondeu o cônsul brasileiro.

Benjamin voltou arrasado para Paris. Já por seu andar na escadaria a esposa sentiu que algo terrível acontecera. Abraçaram-se e choraram juntos.
Por sorte, no Hotel Home Pergolés moravam muitos imigrantes, e a dureza da vida deu-lhes muita experiência. Levantaram o ânimo do casal e logo um deles deu o endereço de um *Pop* russo que fazia o batismo para o greco-catolicismo, gratuitamente, exigindo somente que isso fosse feito com toda a pompa do ritual de batismo.
Logo no dia seguinte, pois o tempo urgia e o navio Campana zarparia no dia 21 de janeiro, o casal foi à igreja e teve lugar a cerimônia de batismo. Tiveram que entrar, cada

um, numa bacia de água, alguém ergueu sobre suas cabeças uma coroa e cantaram com vozes estridentes: *"Hospodim pomilui, hospdim pomilui!!!"*, dando voltas em torno do casal. Receberam duas cruzinhas greco-católicas, que lhes foram penduradas no pescoço, e dois certificados de batismo.

No dia seguinte, munido desses certificados, Benjamin voltou para Lion e antes mesmo de tornar-se brasileiro, ocorreu-lhe "o jeitinho brasileiro": esperou a hora do almoço e a saída do cônsul para falar com o vice-cônsul, e quando ele lhe perguntou:

– E sua religião, senhor Benjamin?

Ele não hesitou:

– Greco-Católica.

O maravilhoso carimbo, tão esperado foi, finalmente, estampado nos dois passaportes.

Faltavam somente alguns dias para o embarque e para a partida da Europa, quem sabe, para sempre. No Hotel Home Pergolés as despedidas foram comoventes. Os imigrantes ligados por vivências parecidas travaram amizades profundas, formando quase uma família. O dia da partida chegou e todos acompanharam o casal até a estação de trem. A bagagem era pouca, só duas malas e uma sacola de mão eram as posses de Benjamim e de sua mulher. A viagem de trem até o porto de Marselha levou muitas horas, e já quase ao anoitecer, o casal embarcou no navio. O navio Campana faria sua última viagem, por precisar de muitos reparos, ou talvez, fosse virar sucata. Mesmo assim, o navio estava lotado. Havia imigrantes que iam não somente para o Brasil, mas para outros países da América do Sul: Argentina, Chile, Bolívia, e outros. Os imigrantes eram de todas as procedências e falavam todas as línguas. Todos estranhos, no entanto próximos, unidos pelo mesmo destino. Parecia que todos queriam fugir da Europa e do seu triste passado dos últimos anos de guerra.

Benjamin e a esposa não conseguiram uma cabine. Dormiram separados, ele com os homens e ela com as mulheres, em beliches, num espaço no porão do navio, que provavelmente, nos tempos normais, servira para o transporte de mercadorias. Era difícil subir para o beliche, pois o chão era em declive em relação ao fundo do casco do navio.

A primeira noite foi triste, em condições primitivas, o casal despedia-se para dormir. Quando o navio começou a navegar e distanciar-se da Europa, todos choraram. Era uma despedida do passado, rumo ao futuro incerto e desconhecido.

Entre os italianos – e havia muitos – alguém entoou a música *Arrivederci Roma* e todos cantaram e choraram ao mesmo tempo. Parecia que ninguém tinha pressa para dormir no porão do navio, e continuavam sentados na sala de jantar, pois lá fora fazia muito frio. Era o fim de janeiro de 1947. Na Europa era pleno inverno, e no Brasil, o verão tropical. A viagem era prevista para dezesseis ou dezessete dias.

Finalmente cansados, todos foram dormir.

– Domani è un altro giorno, disseram os italianos.

No beliche, a mulher de Benjamin teve uma agradável surpresa. Perto dela estavam deitadas duas senhoras, mãe e filha, que falavam polonês. Contaram que iam da Iugoslávia para a Bolívia, onde morava uma outra filha, casada com um iugoslavo que já imigrara para a Bolívia antes da guerra. Estavam felizes por estarem indo ao encontro da família que não viam havia mais de seis anos. As histórias que se contaram mutuamente pareciam não ter fim.

No dia seguinte, as duas senhoras Kon foram apresentadas a Benjamin. A simpatia mútua foi imediata. Benjamin lembrou-se que chegara a conhecer, antes da guerra, um senhor Kon, em Belgrado, numa das viagens que fizera com seu primo Benjamin e um colega farmacêutico, também Kon, da cidade de Lodz. Chegaram à conclusão de que se tratava do mesmo senhor Kon, falecido marido de dona Regina Kon. O mundo é pequeno mesmo! A família Kon morara antigamente na Polônia, e alguns anos antes da guerra o senhor Kon decidira abrir uma fábrica de meias de seda em Belgrado. Por isso, continuavam falando correntemente polonês entre si. Desse encontro desenvolveu-se uma grande amizade, que durou até o falecimento, muitos anos depois, primeiro de dona Regina, e no ano de 1986, da querida e amicíssima Stasia. Elas moravam na Bolívia, mas Stasia visitara várias vezes Benjamin e a família em São Paulo. A inesquecível, querida "tia" Stasia!

Os dias no navio iam passando mais rápido do que se podia imaginar. Uns jogavam cartas, outros cantavam, contavam histórias, dançavam, ou vomitavam, pois o navio balançava muito. Especialmente durante uma forte tempestade, quando as malas dos passageiros escorregavam de um lado para o outro do navio, muita gente sofreu de enjôo.

Devagar, o tempo foi melhorando e esquentando, pois estavam-se aproximando da temperatura tropical. As roupas de inverno foram trocadas por roupas leves de verão. Sob o sol brilhando, os ânimos se levantaram, e com impaciência aguardava-se no mar sem fim o aparecimento da terra.

Depois de duas semanas no navio, de terem ouvido muitas canções italianas e comido diariamente macarronada, contavam-se as horas para avistar a terra. Afinal, no décimo sexto dia, bem de madrugada, o comandante anunciou:

– Terra brasileira à vista!

Ninguém esperou se vestir. Todos foram para o deck, de pijamas, camisolas e cuecas. Todos queriam ver a terra, depois de tantos dias no mar.

Lentamente, a neblina matinal dissipou-se e avistaram, de longe, o porto do Rio de Janeiro e um aeroporto, no qual o brilho metálico dos aviões ofuscava os olhos. A alegria foi geral. As duas senhoras Kon, mãe e filha, iam para um hotel no Rio de Janeiro e, de lá, de avião para La Paz, na Bolívia.

Não demorou muito e bem próximo ao porto apareceu, num barco, o primo de Benjamin. Essa foi uma surpresa inesperada. Ele alugara um barco para vir ao enconto do primo. O capitão deixou-o subir no navio e o encontro dos dois primos foi comovente. Depois, ele teve que deixar o porto e aguardar o casal, que teria que passar pelo controle da alfândega. Benjamin, desembarcando do navio, pôs a mão em sua careca e disse:

– Este sol brilha para mim.

Quando as duas malas foram liberadas pela alfândega, Benjamin entregou ao carregador seis libras canadenses em pagamento e disse a sua mulher:

– Esse era o nosso último dinheiro. É muita gorjeta para carregar duas malas, mas devo contar-lhe a verdade: essas seis libras são as únicas verdadeiras que comprei na Polônia, com nossas economias. O resto era tudo falso.

Benjamim descobrira, em Paris, que os alemães, para abalar a econômia inglesa, falsificaram as libras esterlinas inglesas. Procuraram, entre os prisioneiros nos campos de concentração, especialistas em falsificações e obrigaram-nos a copiar o dinheiro inglês. Isso tornou-se conhecido logo depois da guerra, infelizmente somente após o casal perder todas as suas economias, tendo que, no Brasil, recomeçar do zero. Mas, quando se é jovem, tudo parece ser mais fácil de levar e tudo sorria para eles. Estavam livres, num país maravilhoso, cheio de sol e liberdade e nada mais importava.

No Brasil, na Terra Abençoada

No início, Benjamin e a esposa moravam num quarto de pensão que o primo alugara para eles, perto de sua casa no Rio de Janeiro. As esposas tornaram-se grandes amigas. Benjamin, tendo aprendido espanhol no campo de prisioneiros, logo aprendeu a falar português e encontrou facilmente trabalho, fazendo muitos conhecimentos.

Conheceu o cônsul polonês no Rio de Janeiro, e com sua ajuda e de seus amigos do campo que permaneceram na Polônia, organizou uma firma de intercâmbio comercial entre a Polônia e o Brasil denominada Polbraz. No ano de 1949, o casal voltou para a Polônia, porque alguns problemas que surgiram na Polbraz tinham que ser resolvidos lá. O recém-instalado regime comunista da Polônia era assustador. Uma vez, para prender um suposto espião do governo provisório da Polônia em Londres, fechou-se um bairro inteiro de Varsóvia, até aquele suposto espião ser preso. Nunca se imaginava que isso pudesse acontecer, e o casal ficou feliz quando voltou para o Brasil, valorizando ainda mais a liberdade reinante. A firma Polbraz instalou-se em São Paulo, e o casal mudou-se também para lá. Sentiam falta dos primos, mas visitaram-se freqüentemente, e em São Paulo conheceram muitos imigrantes da colônia polonesa e logo fizeram muitos amigos. Devido ao regime comunista na Polônia, o governo brasileiro não via com bons olhos a presença da Polbraz. E ela teve que ser liquidada.

Benjamin começou a importar da Europa, por conta própria, máquinas para moinhos, e sendo obrigado a visitar seus clientes no interior do Brasil, chegou a conhecer o dono do frigorífico Serrano. De conversa em conversa, e com o apoio de amigos em São Paulo, Benjamin tornou-se diretor do Frigorífico Serrano. Com o tempo, transferiu a central de vendas para São Paulo e conseguiu, dessa maneira, tirar o frigorífico do "buraco" e torná-lo um negócio muito próspero; tão próspero que um dos sócios vendeu suas ações para uma empresa na Alemanha e o grupo de Benjamim tornou-se minoria, o que o fez decidir-se a sair da firma. Mas aprendera um novo ofício, e resolveu formar seu próprio frigorífico. Procurou comprar ou associar-se a um pequeno frigorífico. Conheceu o senhor Simon, bom conhecedor de carne bovina, que dando uns tapinhas num traseiro de um boi sabia dizer se a carne era boa, ou se não prestava. Sr. Simon já estava no Brasil, junto com um mestre alemão, havia algum tempo, e sonhava voltar para a Alemanha, *nach drüben*, como freqüentemente dizia. Não conseguia aprender o português, e "a caixa" de papelão, era sempre "um caixa". Queria vender o frigorífico, que só possuía uma velha perua Volkswagen, uma moedora de carne e um defumador. A única escrivaninha, numa garagem, tinha que ser protegida por um guarda-chuva para que a papelada não ficasse inteiramente molhada.

O sistema de venda do senhor Simon consistia em levar consigo, num carro, diferentes qualidades de frios e uma balança. Indo de uma a outra loja maior de frios, vendia sua mercadoria. Não imaginava que se podia receber encomendas por telefone e depois fazer as entregas. Benjamin conseguiu convencê-lo a ter paciência e prometeu-lhe que, durante o primeiro ano, desenvolveria o frigorífico a ponto de permitir-lhe fazer uma viagem ao seu querido *Drüben*. Dito e feito, e assim formou-se a sociedade do Frigorífico Simon. O mestre, sr. Heinz Kossmann, tornou-se também sócio, embora houvesse sido contratado como mestre pelo sr. Simon em Berlim. As ações foram divididas da seguinte maneira: para Benjamim, 40%; para o sr. Simon, 40%; e 20% para Heinz Kossmann. A firma continuaria com o nome de Simon, já que fora ele o fundador. As vendas iam de vento em popa. A mercadoria era boa, sempre fresca, e ganhou fama. Logo compraram uma nova perua para entregas.

Quando surgiu a loja Maps (do Mappin), o primeiro supermercado em São Paulo, as mercadorias do Frigorífico Simon tiveram enorme saída. Faziam-se entregas sem parar, doze horas por dia, porque o supermercado vendia mais barato e lá podia-se comprar de tudo, ao que as donas de casa davam preferência. Poder-se-ia dizer que foi o Maps que deu o primeiro grande impulso ao Frigorífico Simon.

Benjamin cumprira sua promessa e Simon não pensava mais em voltar para a Alemanha, pois já viajara para lá em férias, contando aos amigos alemães sobre seu grande sucesso no Brasil.

O Frigorífico crescia a cada mês. Compraram um terreno próprio na rua Catão, as mais modernas máquinas na Suíça, e a única rixa entre o sr. Simon e Benjamin era que Simon era contra o empate de capital no Frigorífico e Benjamin era a favor da ampliação do negócio. No fim, tudo ia tão bem que foi possível ampliá-lo e tirar capital. Todos os anos, os sócios tiravam férias e viajavam para fora do país.

Infelizmente, no ano de 1969, o sr. Simon teve um infarte e faleceu de repente, durante um fim de semana no Guarujá. Foi um grande choque para todos e uma perda lastimável. Benjamin ficou sozinho com mestre Heinz. A senhora Simon, embora nunca chegasse a trabalhar, começou a fazer parte da diretoria e recebia mensalmente seu salário de diretora. Também conseguiu dezoito mil dólares de um seguro de vida, na Suíça, que os sócios haviam feito. Só que, logo depois que pagou a viúva Simon, a seguradora faliu e os outros sócios não receberam mais nada. Foi lastimável que, nem a viúva Simon nem sua filha, e menos ainda o marido dela, souberam dar valor à honestidade de Benjamin e ao tratamento que receberam.

O Frigorífico desenvolveu-se muito. Chegou a empregar duzentos operários, que trabalhavam em três turnos. Trocou-se a maquinaria por outra mais moderna e automática. Alguns operários e funcionários trabalhavam no Frigorífico desde o início e tinham muitos privilégios. Cada um comprou sua casa própria, com dinheiro emprestado do Frigorífico, sem juros, que era descontado dos salários, com prazo combinado. Uma boa parte chegou a ter seu carro, formaram um time de futebol e trabalhavam contentes e agradecidos, o que expressa a placa em prata que um deles presenteou ao seu patrão, Benjamin.

Placa de homenagem recebida por Benjamin de um funcionário.

Foi comprado um grande terreno em Poá, para uma futura ampliação do frigorífico, pois lá existem fontes de água mineral, o que é de grande importância para a produção de frios. Tudo ia às mil maravilhas, até a crise mundial do petróleo e, com ela, o início da crise na economia brasileira. Benjamin tentou vender o Frigorífico, pois deu-se conta que estava sozinho e que os anos começavam a pesar. Tinha que trabalhar muito, com lucros bem diminuídos, e lutando para não entrar no "vermelho".

Aqui deve-se sublinhar a grande e rara virtude de Benjamin, que não insistiu para que seu filho seguisse seus passos e continuasse no Frigorífico, como o fazem, geralmente, os pais. Ao contrário, Benjamin deu-se conta de que o filho, muito capaz e com mestrado em Administração de Empresas pela afamada Universidade de Stanford, possuía capacidade mais ampla, que estaria limitada no Frigorífico.

Benjamin e a esposa viajavam todos os anos para visitar os filhos. Fosse o filho em Stanford, ou a filha, médica especializada em cirurgia plástica e queimados, que fazia estágio no Hospital Hadassa, em Jerusalém.

A economia brasileira estava piorando e Benjamin, não conseguindo vender o Frigorífico, decidiu liquidá-lo, vendo que o perigo de entrar no "vermelho" tornava-se iminente. Vendeu as máquinas para o Frigorífico Perdigão e o terreno separadamente para uma firma farmacêutica. Foi muito penoso ter que liquidar o que fora construído com tanto esforço, durante vinte e poucos anos, por tão pouco. Com a saúde já abalada pelos longos anos de diabete e a tristeza da liquidação, Benjamin faleceu no dia 9 de junho de 1987, faltando poucos dias para completar 77 anos de vida, uma vida digna de ser admirada e lembrada com muita saudade e amor.

Sobre a Segunda Guerra Mundial e o Nazismo, em edição da Perspectiva

O Mito Ariano – Léon Poliakov (E034)
De Voltaire a Wagner – Léon Poliakov (E065)
A Europa Suicida – Léon Poliakov (E066)
A Causalidade Diabólica I – Léon Poliakov (E124)
A Causalidade Diabólica II – Léon Poliakov (E125)
O Anti-Semitismo na Era Vargas – Maria Luiza Tucci Carneiro (E171)
Diário do Gueto – Janusz Korczak (EL44)
O Anti-Semitismo Alemão – Pierre Sorlin (K003)
Benjamin, de Prisioneiro de Guerra a Industrial Brasileiro – Bella Herson (LSC)

Impressão e Acabamento
Bartira
Gráfica
(011) 4123-0255